JN171313

本書に記載されている内容は執筆時点のものであり，永続的な状況を示すものではありません。各法規や施行規則，自主規制などは状況に応じて変化しますので都度確認をお願いします。また，本文中に記載されている会社名，製品名は，各社の登録商標または商標であり敬称は省略させていただきました。本書を基に何らかの意思決定をされるにあたっては，それぞれの顧問弁護士，会計士などエキスパートの助言をあおいでください。なお，本書は筆者が現在または過去に属する組織の見解ではなく，個人の見解を述べたものです。筆者は本書記載の内容によって引き起こされるすべての事象について何ら責任を負うものではありません。

● はじめに ●

　金融は文明の誕生と同時に生まれた，もっとも古いビジネスモデルであり，契約に関する取り決めは，最古の成文法である「ハンムラビ法典」の4分の1を占めています。

　一方，決済は常にテクノロジーの進化に伴って発展してきました。貝や巾（布）などの物品貨幣が鋳造・鍛造の技術により貨幣となり，印刷技術の誕生により紙幣やプラスティックカードに発展してきたのです。

　次いで，情報通信テクノロジーの登場により電子決済や仮想通貨が生まれ，カードは決済の基盤テクノロジーとなっています。

　決済機能を持つカードはFinTechそのものなのです。

　しかし，決済は国家の歴史やその地域の文明に左右される特徴を持っています。つまり，国家特有の法律や規制によって使えるFinTechと使えないFinTechが存在するのです。

　筆者は，クライアントを同行して毎年数回海外取材を続けており，本書の執筆にあたり，市場環境に合う実際のFinTech情報を現地で収集してきました。

　本書は，最新の取材結果を踏まえ，FinTechの現状とわが国での有用性を探るものです。

　金融決済分野にかかわる読者の皆様のお役に立つことができれば幸甚です。

2017年1月

　　　　　　　　　　　　　　　　　　　　　　　　　　　　著　者

目 次

● はじめに

第 1 章 なぜFinTechが誕生したのか？

1. リーマンショック関連規制の反動から生まれたFinTech …… 2
2. 米国のクレジットカード規制 ……………………………………… 4
3. 米国の規制緩和とJOBS法 ………………………………………… 6
4. FinTech関連カンファレンス ……………………………………… 8
5. 最先端テクノロジーがカードビジネスを加速する …………… 10
6. 世界のFinTech ……………………………………………………… 12
7. 米国のベンチャーFinTech支援 …………………………………… 14
8. 日本のFinTech取り組み（1）
   金融機関とFinTech …………………………………………… 16
9. 日本のFinTech取り組み（2）
   FinTechと規制緩和 …………………………………………… 18
10. 日本のFinTech取り組み（3）
    決済データ活用 ………………………………………………… 20

第 2 章　日本のカードビジネスとFinTech

- 1 わが国のカードビジネスの特徴 ………………………………… 24
- 2 金融政策がカードビジネスに与えた影響（1）
  カード発行 ……………………………………………………… 26
- 3 金融政策がカードビジネスに与えた影響（2）
  取扱高 …………………………………………………………… 28
- 4 金融政策がカードビジネスに与えた影響（3）
  クレジットと法 ………………………………………………… 30
- 5 金融政策がカードビジネスに与えた影響（4）
  プリペイドと法 ………………………………………………… 32
- 6 金融政策がカードビジネスに与えた影響（5）
  インフラ ………………………………………………………… 34
- 7 加盟店の課題と法対応 …………………………………………… 36
- 8 日本はカード決済が独自仕様で，
  特異なカード決済文化をもつ ………………………………… 38
- 9 優れた日本の金融システム ……………………………………… 40

第 3 章　FinTechとモバイルファースト

- 1 モバイルFinTechの進化（1）
  非接触決済の基本技術の登場 ………………………………… 44
- 2 モバイルFinTechの進化（2）
  AndroidのNFC対応 …………………………………………… 46
- 3 モバイルFinTechの進化（3）
  ApplePayの登場と日本ローカル仕様 ………………………… 48

4 モバイルFinTechの進化（4）
　　Visa payWaveやMasterCardコンタクトレスは
　　インターフェイス ……………………………………… 52
5 ApplePayに見るテクノロジーと戦略（1）
　　標準化 …………………………………………………… 54
6 ApplePayに見るテクノロジーと戦略（2）
　　アライアンス …………………………………………… 56

第4章　FinTechのテクノロジー

1 国内FinTechトレンド ……………………………………… 60
2 ペイメントシステムのFinTechトレンド（1）
　　通信 ……………………………………………………… 62
3 ペイメントシステムのFinTechトレンド（2）
　　データ処理 ……………………………………………… 64
4 ペイメントシステムのFinTechトレンド（3）
　　個人認証 ………………………………………………… 66
5 ペイメントシステムのFinTechトレンド（4）
　　近接決済 ………………………………………………… 68
6 ペイメントシステムのFinTechトレンド（5）
　　近傍決済 ………………………………………………… 70
7 ペイメントシステムのFinTechトレンド（6）
　　BIN保持はサーバー上に ……………………………… 72
8 ペイメントシステムのFinTechトレンド（7）
　　BINはトークン化 ……………………………………… 74

⑨ ペイメントシステムのFinTechトレンド（8）
　クレジットから国際ペイメントへ ………………………… 76
⑩ ペイメントシステムのFinTechトレンドのまとめ ………… 78
⑪ FinTechのカード関連テクノロジー（1）
　磁気ストライプ関連① ……………………………………… 80
⑫ FinTechのカード関連テクノロジー（2）
　磁気ストライプ関連② ……………………………………… 82
⑬ FinTechのカード関連テクノロジー（3）
　ICカードへの対応 …………………………………………… 84
⑭ FinTechのカード関連テクノロジー（4）
　カードビジネスと暗号 ……………………………………… 86
⑮ FinTechのカード関連テクノロジー（5）
　ICカードと暗号 ……………………………………………… 88
⑯ FinTechのカード関連テクノロジー（6）
　暗号化（施錠），複合化（解錠）とは ……………………… 90

第5章　FinTechのテクノロジーキーワードとカードビジネス

① Send Money（送金（為替））モデル ……………………… 94
② カード決済セキュリティ，
　トークナイゼーション（Token-ization） ………………… 96
③ トークナイゼーションの実際 ……………………………… 98
④ カードビジネスとビッグデータ …………………………… 100
⑤ カード決済リテールペイメント（mPOS） ……………… 102

6 自然言語処理 NLP（＝Natural Language Processing）
とAI（人工知能） ………………………………………… 104
7 クラウドファンディング ………………………………… 106
8 unbanked／underbanked（非銀行利用者層）とクレジット
……………………………………………………………… 108
9 NEOBank ………………………………………………… 110
10 クラウドサービスとカード決済 ………………………… 112
11 FinTechと国際ブランド法人カード …………………… 114
12 ジオフェンシング（Geofencing）とFinTech決済 ……… 116
13 FinTechカード登録による決済 ………………………… 118
14 カメラ機能による認証，登録の自動化 ………………… 120
15 API（Application Programming Interface）と
カードビジネス ………………………………………… 122
16 FinTechの基本，オンライン個人認証 ………………… 124
17 金融事業の新しい形，ビジネスモデル（OEM） ……… 126
18 オンボーディング ………………………………………… 128
19 決済プログラムマネジメント（1）
決済教育用カード ……………………………………… 130
20 決済プログラムマネジメント（2）
社会福祉などの支援金カード ………………………… 132
21 決済プログラムマネジメント（3）
決済コントロールカード ……………………………… 134
22 ウェアラブルデバイスと生体通信 ……………………… 136
23 仮想通貨 …………………………………………………… 138
24 ブロックチェーン ………………………………………… 140

25 SNS（Social Networking Service）とクレジット …… 142

第6章　サービス分野とFinTechカンパニー

◆ペイメント …………………………………………………… 146

Plastc "先進的なカード型モバイルワレット"／146

Number26 "モバイルバンキングを中小金融機関に提供"／147

Ondot Systems "補助金をプリペイドカードで支給"／147

Prairie Cloudware "先進の決済メディアをクラウドで"／148

Empyr "O2OでCLOプロモーションを実現する"／148

CardSPRING "CLOをデビットカードで実現する"／149

Chip Shield "パソコン外付けEMV ICカードリーダーライター"／150

SWITCH "これは便利，カード紛失後のカード再登録が不要"／151

Curve "1枚のCurve MasterCardに他のカードを集約"／152

Traxpay "法人間決済をクラウドで効率化する"／153

TRANSCARD PAYMENTS "給与をプリペイドカード払い"／154

Bento "中小企業の経費支払いを法人カードで効率化する"／155

RatePay "ネットショップでもカードを使わずに請求書払いや分割払い決済ができます"／156

◆レンディング（融資） ……………………………………… 157

AvantCredit "オンラインで簡単融資"／157

borro "インターネットで質屋"／157

blend "住宅ローンをクラウドで簡単に"／158

CUneXus "位置情報をローン審査に活用する"／159

Finova Financial "あなたのクルマで融資します"／160

Kreditech "低与信者をビッグデータで再審査する"／161

LendUp "低与信者への金融教育と救済融資"／162

Moven "ユーザーフレンドリーな金融サービスを実現"／163

TrueAccord "債権回収もテクノロジーで効率化"／164

Prosper Marketplace "借換えローンをクラウドで"／165

Upstart "教育履歴をクレジットスコアに反映"／166

ZOPA "逆オークション方式の個人間融資"／166

Student Loan Genius "奨学金ローン債務者向け"／167

◆セキュリティと効率化 ……………………………………… 168

BioCatch "ユーザーの行動を認証データに変換"／168

NuData Security "多要素バイオメトリクス認証"／169

DigiByte "ブロックチェーンを使った送金決済サービス"／169

BanQu "ブロックチェーンを用いた新興国，難民向け個人認証"／170

Civic "ネット巡回型　個人情報不正利用監視サービス"／171

OneVisage "モバイル３Ｄ顔認証サービス"／172

Cyberfend "Web,モバイル向けBot検出セキュリティ"／173

SEKUR.me "モバイルとバーコードを使った認証"／174

VIX Verify "SaaS型統合個人認証と本人確認"／175

Ephesoft "モバイル用高精度キャプチャアプリ（1）"／176

Mitek "モバイル用高精度キャプチャアプリ（2）"／177

Kore "自然言語処理（NLP）で金融機関の顧客対応を向上"／178

VERA "配布された書類を追跡，管理するサービス"／180

◆マーケティング ……………………………………………… 181

Mozido "米国のモバイルに特化した加盟店にリワードプロモーションと決済を支援するソリューション"／186

Estimote "Bluetooth「Beacon」による情報発信"／188

RetailNext "決済情報と周辺情報から店舗内顧客行動分析"／189

Qubit "オンラインショップの販売実績，顧客解析"／190

OmnyPay "オムニチャネル用モバイルプロモーション＆顧客管理ツール"／191

Neustar "高精度マーケティングツール，広告データ管理プラットフォーム"／192

RACE DATA "データベース・マーケティングツール"／192

おわりに ……………………………………………………………… 193
索　引 ………………………………………………………………… 194

第1章

なぜFinTechが誕生したのか？

　この章では，FinTech*誕生の背景を，米国とわが国の市場概況から解説します。

　FinTechはテクノロジーの側面が強調されることが多いのですが，その誕生には規制緩和，特にファイナンス分野である資金調達面での規制緩和が大きく影響しています。

　したがって，FinTechの現状を把握するにあたっては法律に関連した動きにも注意が必要です。

　わが国の決済にも，さまざまな法律が適用されるため，FinTechに関連する法制面の動向やFinTechのビジネス構成を理解しておく必要があります。

*FinTech（フィンテック）…金融を意味するファイナンス（Finance）と，技術を意味するテクノロジー（Technology）を組み合わせた造語。

第1章 なぜFinTechが誕生したのか？

1 リーマンショック関連規制の反動から生まれたFinTech

　米国ではリーマンショック[※1]（2008年9月15日）に端を発し、2010年に採択されたドッド・フランク金融改革法（The Dodd-Frank Wall Street Reform and Consumer Protection Act）や上場企業会計改革および投資家保護法（Public Company Accounting Reform and Investor Protection Act of 2002：サーベンス・オクスリー法，企業改革法，通称SOX法）による規制強化の影響が徐々に大きくなり，その反動としての規制緩和がFinTechの発端となっています。

▶ドッド・フランク金融改革法の影響

　ドッド・フランク金融改革法は，2008年以降のリーマンショック金融危機の原因と考えられた多くの事項に対応するために，2010年7月に成立した米国の金融規制改革法です。法の目的は，金融機関の説明責任と透明性の向上を通じて，米国**金融システムの安定性**を向上させることです。

　同法の対象は広く，金融機関にとどまらず，金融システムに影響を及ぼす可能性のある業務をビジネス対象とする企業も規制の対象としており，一定の条件を満たす銀行持株会社やノンバンク[※2]も規制の対象に含まれています。

　その内容は，
- システム上重要な金融機関の規制監督の強化
- システム上重要な金融機関の破綻処理法制の整備
- 店頭デリバティブ規制の強化
- ヘッジファンドなど私募ファンド助言業者への規制強化
- 上場会社の規律強化
- 流動性要件や資本健全性要件等のリスク管理基準設定（健全性要件）
- 銀行本体からのスワップ業務[※3]の分離（スワップ・プッシュアウト・ルール：Swaps Push-out Rule）
- 銀行による自己投資の原則禁止（ボルカー・ルール[※4]：Volcker Rule）

です。

リーマンショックから規制強化へ

2008年　リーマンショック

2010年　規制強化

- ドッド・フランク金融改革法
- 企業改革法（SOX法）

規制の内容

- 金融機関の規制監督強化
- 金融機関の破綻処理法制整備
- ヘッジファンド規制強化
- 上場会社の規律の強化
- リスク管理基準設定（健全性要件）
- 銀行本体からのスワップ業務の分離
- 銀行による自己投資の原則禁止

 用語解説

1　リーマンショック…米国の投資銀行，リーマン・ブラザーズの破綻が発端となり，続発的に発生した世界的金融危機。
2　スワップ業務…等価のキャッシュ・フローを交換する取引。
3　ノンバンク…消費者金融，クレジット会社，信販会社など，預金業務を行わず，銀行からの融資などによって調達した資金でクレジットやリース，ファクタリング，資金決済業などの金融業務を行う企業。わが国では銀行は免許制，ノンバンクは貸金業法や資金決済業に基づく登録制。
4　ボルカー・ルール…銀行が自らの資金（自己勘定）で自社の運用資産の効率を図るためにリスクを取って，金融商品を購入・売却または取得・処分をすることを禁止するルール。

第1章 なぜFinTechが誕生したのか？

2 米国のクレジットカード規制

　ドッド・フランク金融改革法の流れを受け，米国のカードビジネスも大きな影響を受けました。2010年2月，米国政府は金融機関などに対して，クレジットカード会社の不公正な商慣習を是正することを目的とするクレジットカード規制改革法（Credit Card Accountability Responsibility and Disclosure Act＝Credit CARD Act）を施行しました。

　目的はクレジットカード業界からの**消費者保護**です。

　具体的には，

- リボ[※1]金利引上げは最低45日前に通知
- 契約後1年以内の金利引上げを禁止（支払遅延，変動金利型カードは除く）
- リボ金利引上げの際に総残債に対する引上げを禁止
- 支払猶予期間の明確化（明細書郵送の21日後）
- ペナルティー手数料付限度額超過サービスを任意選択制にする
- 契約内容説明を平易に表現する（たとえば，ミニマムペイメント[※2]支払時の総支払期間，利息と支払総額の明示）
- 各種ペナルティーに上限を設ける（初回のペナルティー最高25ドル，二度目からは35ドル）
- ユニバーサルデフォルト（1つのローンやカードで遅延が発生したら，他社のカードも金利が引き上げられてしまう仕組み）を禁止する

　この規制を見ると，従来のクレジットカード契約の内容が，いかにクレジットカード事業者側に有利であったかがわかります。

アメリカのクレジットカード契約は消費者にとって不利だった

任意にリボ金利引上げができる

総残債に対する金利引上げ

猶予期間が不明確

限度額超過にはペナルティー

契約内容説明が難解

各種ペナルティーに上限がない

ユニバーサルデフォルトがある

 用語解説

1　リボ（リボルビング＝revolving）…クレジットカードや消費者金融の返済方法の一種。毎月一定額の支払いで済み，計画的な返済ができるが，残高と利子総額が増加するおそれもある。
2　ミニマムペイメント…リボ返済の毎月支払う金額の最低額。

第1章 なぜFinTechが誕生したのか？

3　米国の規制緩和とJOBS法

　ドッド・フランク金融改革法など一連の規制の反動として，2012年4月に米国スタートアップ企業のジャンプスタートに関する法律（Jumpstart Our Business Startups Act：JOBS Act：JOBS法）が成立しました。

▶スタートアップ支援によるベンチャー企業の雇用拡大

　JOBS法は，スタートアップ[1]，つまりベンチャー企業の資金調達を支援する各種の施策が中心となっており，それによる経済の活性化と**雇用拡大が目的**です。具体的にはIPO（「Initial（最初）Public（公開）Offering（売り物）」＝株式公開）途上段階の規制緩和，私募（少数の者を相手方とする有価証券の募集）による資本調達，手段としてのクラウド[2]ファンディング（ネットを使った株式や債券の発行などによる事業資金の調達），小規模企業の少額取引免除，証券取引上の株主数制限緩和などです。つまり，FinTechのFinanceはベンチャー企業の資金調達手段も指しているのです。

▶ベンチャー企業の最大の課題は資金

　ベンチャービジネスの成立要件は3つあり，1つ目は市場に課題が存在すること。2つ目はその課題を解決する技術を持っていること。そして資金です。
　たとえば，スタートアップ時には展示会への出展やパンフレットなどの販促費用が必要になってきます。また，商談が進み，サンプルを製造する段階になると製品の形を決める「金型」を製造しますが，金型はすべての部品まで製造すると数千万円程度必要となる場合もあります。
　このような経費の支払が発生すると，設立間もないベンチャーは信用がありませんから，一部前払いや現金払いを求められます。
　一方，発注があった場合の支払は，末締めの翌月払いだと最長60日，手形の場合だと90日後の現金化になります。そして，従業員の給与や固定費も含めるとたちまちキャッシュフロー（資金繰り）が悪化します。
　ベンチャーは常に資金の問題に直面しがちです。

JOBS法による資金調達支援

- 株式上場途上の規制緩和
- 私募による資本調達
- クラウドファンディング
- 小規模企業の少額取引免除
- 株主数制限緩和

JOBS法による資金調達支援

ベンチャー成立の三要素

- 市場ニーズ
- テクノロジー・アイデア
- 資金

 用語解説

1　スタートアップ…ベンチャー企業。
2　クラウド（cloud）…クラウドコンピューティング（computing）。コンピュータネットワークをベースとしたコンピュータ資源の利用形態。

第1章 なぜFinTechが誕生したのか？

4 FinTech関連カンファレンス

　進化が常態化するFinTechの情報については，海外のカンファレンス（conference＝会議，研究会，展示発表会）から**直接収集する必要**があります。なぜなら，業務提携や企業買収などの交渉にはスピードが要求されるからです。日本でも同様のイベントが開催されますが，リソース（resource＝経営資源）が限られるスタートアップ企業が海外からわが国に出展することは稀だからです。

▶FINOVATE（フィノベート）

　2007年から開催されている金融分野のイノベーションとテクノロジーの紹介に特化したカンファレンスです。年に3回，ニューヨーク，サンノゼ，ロンドンで開催されます。主に金融スタートアップ企業が登壇し，7分間のプレゼンテーションを行います。2016年の出展は71社，1,800名の参加でした。

▶TRUSTECH（トラステック）

　1980年代からパリで開催されてきたICカード関連の老舗カンファレンスCARTES（カルテ）が領域を拡大して2016年からはカンヌでTRUSTECHとして開催されます。

　従来どおり，ハードウェアだけではなくセキュリティや認証分野の紹介があります。ここ数年は400社，20,000名程度の規模です。

▶Mobile World Congress（コングレス＝会議）

　2007年からスペインのバルセロナなどで開催されている，世界最大のモバイル関連カンファレンス展示会です。来場者規模は約60,000人です。

▶その他

　英国で開催されるPayments Innovation Conferenceや，要素技術が多数展示される米CES（Consumer Electronics Show）や独IFA（Internationale Funkausstellung Berlin）などエレクトロニクスショーも必見です。

FinTech関連のカンファレンス，年間開催スケジュール

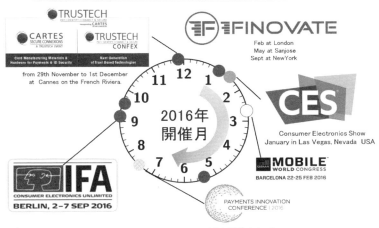

FINOVATE2016会場

第1章 なぜFinTechが誕生したのか？

5 最先端テクノロジーが カードビジネスを加速する

　契約や利息，そして決済は人類最古のビジネスモデルであり，同時にセキュリティと効率化を追求するために，最新のテクノロジーを用いてきた歴史を持っています。

　たとえば，ハンムラビ法典は，紀元前750年に制定された世界最古の成文化された法として有名です。解読可能な条文が約250条ありますが，その中の4分の1ほどが契約と利息に関する内容です。

　つまり，カードビジネスの根幹である契約は経済とともに発展してきたのです。同様に，聖書には利息に関する記述があり，為替は十字軍や南北戦争などで考案され使用されてきました。

▶決済とテクノロジー

　テクノロジーの進歩は決済に大きな影響を与えてきました。

　貨幣という単語を分解してみると，貨には「貝」が，幣には「巾（きん＝布）」の部首が含まれています。これはいずれも古代の物品貨幣です。

　そののち，鋳造・鍛造技術の誕生は「貨幣」を生み，印刷技術の誕生は「紙幣」とプラスティックカードにつながっています。

　さらに，エレクトロニクスはICカードと電子決済を生み，インターネットと暗号化テクノロジーはビットコインに代表される「仮想通貨[※1]」を生み出しました。

　このように，決済は常に最新のテクノロジーによって進化を続けているのです。

▶FinTechは決済の利便性を向上させる

　決済にはさまざまな法規制が適用されますが，新しいテクノロジーの登場で課題が解決され，利便性がより向上していくでしょう。

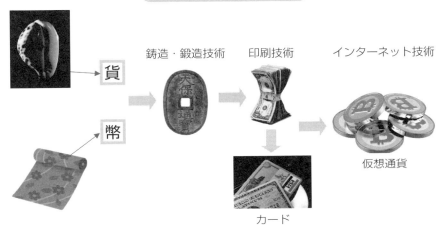

テクノロジーの進歩と通貨

貨　鋳造・鍛造技術　印刷技術　インターネット技術
幣

仮想通貨

カード

非接触決済

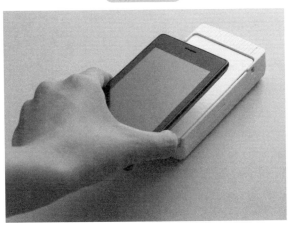

 用語解説

1　仮想通貨…インターネット上で取引される，特定の国家や団体によって価値が担保されていない非法定通貨。

第1章 なぜFinTechが誕生したのか？

6 世界のFinTech

　FinTechは世界中で広がりを見せています。これは，経済のグローバル化が進展し，決済がテクノロジーで国境を越えるからです。
　FinTechの情報収集には海外に出かけるのが最良ですが，目的に応じた地域を選定する必要があります。

▶ビジネスモデルは米国

　FinTechがもっとも隆盛なのが米国です。もともと金融規制が緩やかで州ごとに法規制が異なります。
　たとえば，ローンやクレジットの金利規制は，州によって上限がある場合とない場合があります。ただし，本社所在地の金利規制で全米でビジネス展開が可能なので，ほとんどのローン企業は金利規制のない州を本拠地にしています。
　スタートアップ支援策と規制緩和でFinTechの新しいビジネスモデルが続々と誕生しているエリアです。

▶ハードウェアはEU（欧州）

　一方，欧州は金融規制が比較的厳しく，利息制限法がある国が多い傾向があります。ただし，基礎技術の開発企業は多く，カード決済に関連したテクノロジー企業を数多く輩出しています。具体的にはオンラインショッピング認証のグローバルスタンダードである3Dsecure[※1]やトークナイゼーション[※2]に使用する仮想番号決済も欧州で誕生しました。
　欧州全体の枠組みは欧州中央銀行がまとめますが，端末やICカードなどのテクノロジー開発と製造はフランスをはじめとする各国，運用は英国とスペインなどEUを構成する国家単位での分業体制が特徴です。
　その他，認証技術ではイスラエルが最先端です。

ハードウェアは欧州，ビジネスモデルは米国

欧州で2010年に普及したICカードが米国でも広がる

 用語解説

1　3Dsecure…ネットショッピング時の本人認証サービス。カード会社に登録したIDとパスワードで認証する。
2　トークナイゼーション（Token-ization）…正規のカード番号ではなく，仮想番号であるTokenを用いて決済する技術。

第1章 なぜFinTechが誕生したのか？

7 米国のベンチャーFinTech支援

　金融×IT分野のベンチャー，もしくは大手の新規事業スタートアップによりFinTechは拡大しますが，**米国の施策とわが国の施策は異なります**。

▶広範に資金調達を認める米国
　米国の施策はFinTechより広範なベンチャー支援が基本で，あくまでスタートアップをする多くのベンチャー企業の中にFinTech企業が存在するという形です。
　したがって，個人レベルから大手企業まで，ベンチャーへの出資を拡大しています。その出資スキームも含めてFinTechなのです。
　ベンチャー全体では約8,000社あり，その中でFinTech企業は1,500社余り存在します（出典：Venture Scanner社 2016年レポート）。

▶カードビジネスのベンチャーはFinTech以外にも存在
　FinTechの中でもカードビジネスに関連するのは「決済」と「融資」，そして「送金」です。
　ただし，カードビジネスに関連するベンチャーはFinTech以外にも存在します。たとえば，「流通テクノロジー（マーケティング）」と「仮想通貨」がカードビジネスに関係があります。
　カード会社の中には流通系カード会社があり，決済カードと流通テクノロジーとは深い関係があります。
　なぜなら，決済カード加盟店の多くが流通業であり，カード所有者データと購入した商品データの組み合わせが貴重なマーケティングデータになるからです。
　また，カード会社をはじめとする決済企業各社はビットコインをはじめとする仮想通貨との連携を強めることから仮想通貨ベンチャーとの連携も必要となるでしょう。

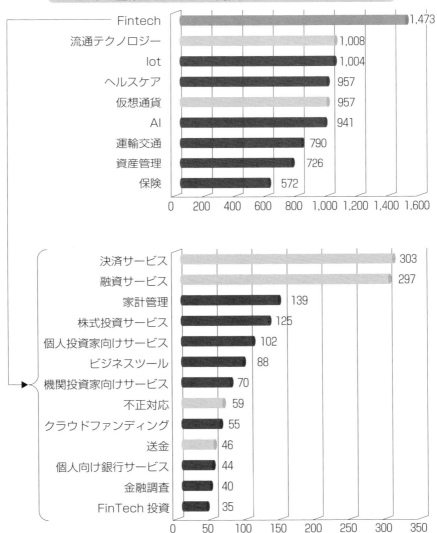

(出典：Venture Scanner社 2016年レポート)

第1章 なぜFinTechが誕生したのか？

8 日本のFinTech取り組み（１） 金融機関とFinTech

　米国がベンチャー全体とスタートアップによる経済活性化と雇用の拡大に重きを置いているのに対し，日本のFinTechの始まりは**金融機関の介在**を重視してスタートしました。

▶FinTechは銀行との関係を重視
　世界の銀行とFintechスタートアップとの関わりには，次のパターンがあります。
　① ベンチャー企業のスタートアップをインキュベート（支援，育成）
　② 出資もしくはパートナーシップのアライアンス
　③ FinTech企業の買収
　④ 自らジョイントベンチャーの立ち上げ
　⑤ 複数の金融機関が共同出資してスタートアップをインキュベート

▶**日本は金融持株会社の規制緩和が先行**
　2014年から，金融審議会[※1]「決済業務等の高度化に関するスタディ・グループ」の中で「金融グループ規制改革」の議論が進んでおり，金融持株会社[※2]の規制緩和が進んでいます。これにより実現するのは，金融持株会社の金融子会社を使った業務範囲の拡大や，電子商取引やモバイルコマース（携帯端末を用いた商取引）への進出などによる顧客利便性の拡大です。
　銀行が買収できるのは金融サービスの向上につながるIT（Information Technology＝情報技術）企業，つまりFinTech関連のベンチャー企業で，金融庁が買収の是非を個別に判断し認可するしくみです。これにより，銀行が不得手なエンジニアリングの部分を，企業買収することにより簡単に補えるようになります。
　具体的には，対象企業の規模や出資が銀行経営に与えるリスクの度合いに応じて，銀行が出資できる比率を変えることができるようになります。

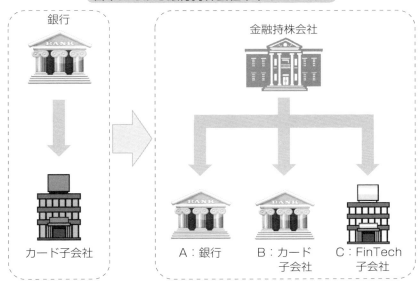

///// 用語解説

1 **金融審議会**…内閣総理大臣の諮問に応じ，金融制度の改善など国内金融の重要事項について調査・審議を行う組織。
2 **金融持株会社**…自らは実質的な事業活動を行わず，銀行，証券会社，保険会社，FinTech企業などの金融子会社の株主となってグループ内の各社を支配・管理する中核企業。

9 日本のFinTech取り組み（2） FinTechと規制緩和

　FinTechは要素技術（テクノロジー）を活用した金融（ファイナンス）ビジネスモデルです。

　要素技術の導入は容易ですが，海外のFinTechビジネスモデルをそのまま日本に持ち込むことには注意が必要です。なぜなら，わが国のカードビジネスに関連する**法規制が多岐**にわたるからです。

▶わが国のカードビジネス関連法

　特に関連が深いのが「銀行法」と「貸金業法」，「資金決済法」，「割賦販売法」，「犯罪収益移転防止法」です。いずれも決済カードを発行する企業と，その業務について規定しています。

　銀行はデビットカード[※1]，クレジットカード[※2]，プリペイドカード[※3]およびローンカード[※4]を発行することができます。

　貸金業と割賦販売業はクレジットカード，プリペイドカード，ローンカードを発行します。貸金については「総量規制」，割賦販売については「支払可能見込額」（いずれも，利用額が収入で制限を受ける規制）が重要です。

　また，資金決済法に規定される「前払式支払手段発行者」と「資金移動業」はプリペイドカードを発行します。

　クレジットとローンには「利息制限法」と「みなし利息[※5]」があります。

▶出資法と消費者保護

　米国法では，FinTechによるベンチャー企業の資金調達に関する規制緩和が実施されています。しかし，日本では金融リテラシー教育[※6]が未整備であることからFinTechに関連する出資詐欺の問題もあります。

　実際に出資をしてもリターンの保証はないからです。

　したがって，金融商品取引法，消費者保護法や出資法の改正が必要でしょう。また，マネーロンダリング[※7]対策に「犯罪収益移転防止法」，「マイナンバー法（個人番号法）」が関係します。

カードビジネス関連法

- 一般法 — 業界を問わず行為を対象とする法
  - 利息制限法
  - 出資法
  - 割賦販売法
  - 犯罪収益移転防止法
  - 消費者関連法
  - 特定商取引法
  - 景品表示法
  - 独占禁止法
  - 電波法
  - 資金決済法
  - マイナンバー法
  - 金融商品取引法
- 特別法（業法） — 特定業界に関する法
  - 銀行法
  - 貸金業法

消費者からの出資には，法整備と啓蒙が必要（イラストは政府公報より）

 用語解説

1　デビットカード…銀行の決済口座から利用額が即時に決済される「今払い」カード。
2　クレジットカード…利用額が1ヶ月単位で決済される「後払い」カード。後払いであるため与信が必要。
3　プリペイドカード…利用額が発行企業にあらかじめ入金（チャージ）された金額の範囲で即時決済されるカード。
4　ローンカード…銀行やノンバンクが資金需要者に発行するATM用の出金・返済カード。発行には与信が必要。
5　みなし利息…利息以外の名目で徴収する諸経費や手数料はすべて利息とみなされる規定。
6　金融リテラシー教育…金融知識を理解し使いこなす能力を身につける教育体系。
7　マネーロンダリング（money laundering）…「資金洗浄」。犯罪で得た収益の出所を隠蔽する行為。

第1章 なぜFinTechが誕生したのか？

10 日本のFinTech取り組み（3）決済データ活用

　戦後のわが国では，流通業は商店街など小規模店舗が中心で，大企業である製造業の力が圧倒的でした。そのため，独占禁止法には製造業が流通業から販売データを吸い上げることに規制がありました。しかし，この規制は製造業の消費者調査，つまり消費性向マーケティングデータの収集を困難とし，**国際競争力を阻害する要因**となっていました。

　具体的には，家電業界は戦後しばらく系列店販売が中心で，家電メーカーは消費データをマーケティングに活かすことができました。しかし，現在では全メーカーを取り扱う家電量販店のシェアが拡大したことで，家電メーカーは消費情報の収集ができませんでした。

　一方，系列販売が主体である自動車産業は高い国際競争力を維持しています。

▶クレジットカード購買データの規格統一と活用

　現在，クレジットカードの販売データには基本的に詳細な単品データが入っていません。大手小売店などの場合は，POS（販売時点情報管理）データを使えば販売時点で消費者が何をどれだけ買ったのかが把握できます。その一方で，消費者の年齢や性別，他の店での購買状況などはわかりません。

　そこで，経済産業省は消費者がクレジットカードで買い物した際のデータ規格を共通化することにしました。

　これにより，日本の企業全体が消費者の購買情報を活用しやすくなります。

　また，政府は本人の同意なしで外部に情報を出せる「匿名」の条件についても詰めており，今後は企業が消費データ（単品データ[※1]）を活用することで，店舗の新規出店や新しい商品企画などの戦略を立てられるようになります。

　2016年1月に施行になった改正個人情報保護法では，企業が個人情報を匿名に加工すれば，本人の同意なしで利用できるようになりました。

　経済産業省は，カード会社や読み取り端末メーカーなどで構成する検討会を設置し，クレジットカード購買データの標準規格づくりに着手しました。

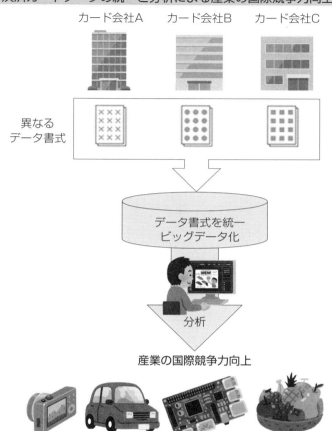

 用語解説

1 単品データ…商品個々のJANコードや型番，色柄などで構成された詳細データ。

第2章

日本のカードビジネスとFinTech

　この章では、FinTechに関連する日本のカードビジネスの特徴について解説します。

　世界の決済の主流となったVisa, MasterCard, AmericanExpress, JCBなどの国際ブランドを使ったグローバルスタンダード(世界標準)決済, そして, 「ガラパゴス」ともいわれるわが国のカード決済について解説し, わが国のFinTech環境を明らかにします。

　これから, わが国においてカードビジネス関連ベンチャー企業のスタートアップを目指す場合には, 常にグローバルスタンダードを考慮しておく必要があります。

　なぜなら, わが国のカードビジネスの市場規模はGDP*など経済指標の中で規模が小さく, 規模の拡大には世界市場を見据えた戦略が必要だからです。

＊GDP (Gross Domestic Product)…国内総生産。国内で生み出される付加価値の総額。

第2章　日本のカードビジネスとFinTech

1　わが国のカードビジネスの特徴

▶**日本の金融政策の特徴**

　わが国の金融業界は，世界的に見ても特異な発展を遂げており，それがカードビジネスにも大きな影響を与えてきました。

　それは，戦後の財閥[※1]解体から始まっています。

　敗戦後，金融機関は本業である銀行固有業務（預金，貸付，為替）と付随業務（債務保証，手形引受け，貸金庫など）「だけ」に集中することとなり，クレジットカードやリースなど周辺業務には**参入規制があった**のです。特にクレジットカードの金融機関本体発行については，長らく規制されていました。

▶**日本のカードビジネスとローカルブランド**

　金融機関のクレジットカード本体発行が1990年の金融ビッグバンで緩和されるまで，わが国のクレジットカード業界は銀行以外の金融会社であるノンバンクを中心に拡大を続けてきました。

　ノンバンクとは，具体的には旧日本信販やオリコ，旧セントラルファイナンスなどの信販系カード会社，旧西武流通グループが発行したクレディセゾンや三越伊勢丹グループのエムアイカードなど流通系カード会社，JR東日本のビューカードや日本航空のJALカードなど交通系カード会社をいいます。

　また，金融機関も，後に国際ブランドとなるJCB，そしてUC，DC，MCなど銀行系列のカードブランドを設立しました。これらのカードは日本国内だけで通用する「ローカルブランド」として発展してきましたが，JCBは単独で国際化を果たし，他社はVisa，MasterCardなどの国際ブランドと提携しました。

　そして，金融機関は傘下に「○○銀DC」や「○○銀JCB」など，いわゆる銀行系クレジットカード会社を設置してクレジットカード業務に参入を果たしました。FinTechをわが国の市場環境に合わせるには，まず金融機関とノンバンクの違いを認識する必要があります。

オリコマスターカード

セゾンアメリカンエクスプレス
カード（パルコ提携）

代表的な国際ブランドと日本ローカルブランド（一部）

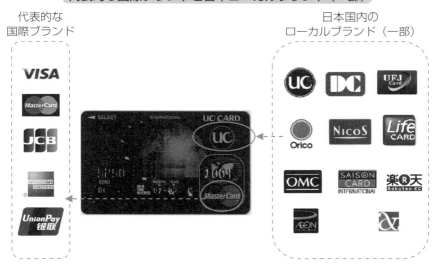

 用語解説

1 　財閥（ざいばつ）…独占的出資による資本を中心に結合した経営形態。

2 　金融政策がカードビジネスに与えた影響（1）カード発行

　わが国における金融機関のクレジットカード参入規制は，わが国の**キャッシュレス環境に大きな影響**を与えてきました。

▶決済カードビジネスは銀行の本来業務

　世界的に，決済カードビジネスは銀行の本来業務であり，リテール（個人や中小企業を対象とした小口取引）カードや，法人取引に使用するコーポレート（法人）デビットカードが発行されています。

　VisaやMasterCardのブランド管理会社自体が，その発展過程で金融機関の集まりである「銀行協会」であったことからもわかります。FinTechもまた，金融機関を中心とするトレンドです。

　カードビジネスは，カードの発行をする「イシュア」，加盟店を開拓し管理する「アクアイアラー」，そしてカード会員と加盟店で成り立っています。

　カード発行業務は，銀行であってもノンバンクであっても，得意分野を活かせば事業規模を拡大することができます。

　わが国の発行枚数は2億2千万枚に達していますが，2010年をピークに減少傾向にあることから，「消費者」が対象の「クレジットカード」は飽和状態といえるでしょう。これからは法人デビットカードと加盟店の拡大に向かいます。

▶アクアイアラー業務は銀行が優位

　金融機関がアクアイアラーとなった場合，多くはメインバンク[※1]としてカードビジネスを一行で推進することができます。これを「シングルアクアイアリング」といいます。

　しかし，わが国において，ノンバンクの立場ではアクアイアラー業務には困難が伴います。

　わが国のアクアイアラーのようにノンバンクが主体で，かつ複数のノンバンクが加盟店1社を担当する「マルチアクアイアリング」の場合，競合によりカード会社の地位が下がります。したがって，加盟店開拓も進まず，加盟店へ

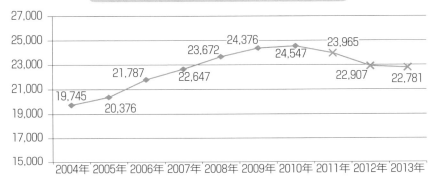

カード契約数は2010年をピークに減少

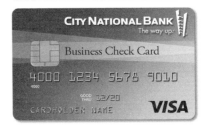

City National Bankが発行する法人カード（同社ウェブサイトより）

デビットマスターカード

の発言力が下がります。このため，首都圏はともかく，地方はカード加盟店が少ない現金社会となっています。FinTechの導入にあたっては首都圏だけではなく地方経済の視点も必要です。

　また，わが国の銀行はホールセールバンキング（法人取引）には強いのですが，カード業務への参入が遅れたため，法人の決済を支援する「法人カード」や「デビット」カードの発行枚数が少ないのも特徴です。

　これからは，銀行の法人取引を支援するFinTechへの需要が生まれるでしょう。

用語解説

1　**メインバンク**…企業の取引銀行の中でもっとも融資構成が高く，資本や情報，人的関係で密接な関係にある銀行。経営活動への助言や支援を行う。メインバンクがアクアイアラーとなることによりカード決済の推移から経営状態を把握することができる。

第2章 日本のカードビジネスとFinTech

3 金融政策がカードビジネスに与えた影響（2）取扱高

わが国の民間消費支出におけるカードの決済比率は、クレジットカードが13％程度と先進国としては少なく、デビットカードに至っては1兆円にも満たない現状です。これは韓国の60％、米国や中国の50％と比べてもかなり低く、**日本は「現金社会」**であるといえます。カードビジネスとFinTechは現金取引の非効率、非合理、非透明性を解決する手段なのです。

▶世界の決済カードとの比較

わが国のクレジットカードショッピング取扱いは年間約50兆円、クレジットカードは2億4千万枚ですから1枚当たりの年間利用金額は20万円程度にしかなりません。FinTech導入の狙いの1つはカード稼働率向上です。

グラフのように、世界全体ではクレジットカード1枚当たりの年間利用金額は509,000円（$4,240。1＄＝￥120）ですから、日本は世界標準の半分にもならないのです。

それに、世界ではクレジットカードと同規模のデビットカード（プリペイドカードを含む）マーケットが別に存在するのですが、わが国では未開拓市場となっています。

▶2つに分かれた管轄官庁

これは、金融機関のクレジットカード参入規制が長期間にわたったことのほかに、管轄官庁が決済（Payments）は経済産業省、融資（Lending）が金融庁に分かれていることにも原因があるでしょう。しかも、厳しい金利規制と世界でも例のない、年収が融資総額を決定する「総量規制」や、年収とカードの利用限度額が連動する「包括支払見込額算定」なども影響しているのです。

ただし、Visa、MasterCardなどの国際ブランド「プリペイド」カードに法的裏づけを与える「資金決済法」が成立し、規制緩和の動きがあります。この複雑な市場環境をFinTechで合理化する必要があります。

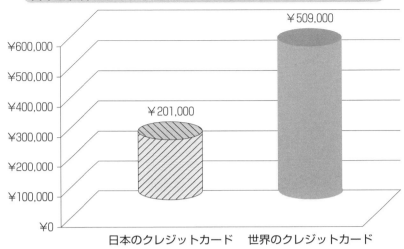

(出典:日本の信用統計2016公表値,NILSON REPORT 2016/#1085から筆者作成)

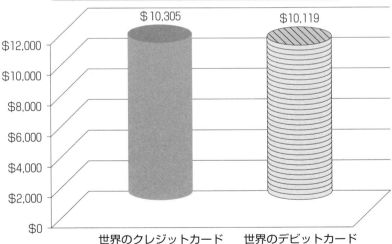

(出典:NILSON REPORT 2016/#1085)

4 金融政策がカードビジネスに与えた影響（3）クレジットと法

わが国のクレジットビジネスを特徴づけているのは，それに適用される**複雑な法体系**です。

管轄官庁が2つに分かれ，カードの基本機能であるショッピングは経済産業省，キャッシング（融資）は金融庁の管轄です。

▶金融庁と経済産業省

金融業界全体を担当する金融庁は「銀行法」や「貸金業法」，そして仮想通貨やプリペイドカード，送金について記載する「資金決済法」が管轄です。

銀行が本体発行するクレジットカードは「銀行法」扱いです。その他，流通系，信販系，交通系や銀行系クレジットカード会社はノンバンクですが，融資は金融庁の「貸金業法」扱いになります。

ショッピング（2ヶ月を超える支払い）は経済産業省「割賦販売法」の対象になります。

▶キャッシング（融資）

ノンバンクが発行するクレジットカードには借入限度額が年収3分の1という「総量規制」の適用がありますが，銀行の本体発行クレジットカードにはこの規制の適用はありません。したがって，銀行が発行するクレジットカードへの入会申し込みにあたっては，収入を証明する資料提出の必要がありません。

一方，ノンバンクは収入証明が必要ですからFinTechにより手続きが簡素化できれば会員数の拡大が見込めます。

▶カードショッピング

クレジットカードを加盟店で使用するという経済行為「カードショッピング」は，発行主体が銀行であっても「経済産業省」扱いです。

カードショッピングの8割以上は1回払いです。

残りの2割以下は2ヶ月を超える支払方法（分割，リボルビング，ボーナス

ノンバンクが発行するカードのキャッシングには「総量規制」がある

返済能力の調査とその記録保存義務
(資金需要者・保証人)

調査の例外
- 手形割引
- 有価証券担保貸付
- 金銭貸借の媒介

個人の場合
(含個人事業主)

1社50万円
または
総借入残高100万円超

極限度額増額時

調査 ⇔ 指定信用情報機関

年収証明が必要

50万円以下の場合,
自己申告が必要

極度額契約時の調査と記録保存
- 自社残高10万円「超」の場合
- 1ヶ月以内に合計5万円以上の追加貸付都度,
自社残高10万円未満の場合でも3ヶ月ごと

総借入残高が年収等の3分の1を超える場合,貸付禁止
超過の場合,極度額の減少と新規貸付停止

例外(残高には算入)	適用除外(残高に算入不要)
段階的返済のための借換え	有価証券・不動産担保貸付
顧客に一方的有利となる借換え	住宅ローン
緊急医療費貸付	オートローン
配偶者合算3分の1以下の貸付	高額医療費貸付など
個人事業主貸付など	

カードショッピングの分割払いには「包括支払可能見込額」の算出が必要

	年収			預貯金	例外部分 丁寧な審査 による増額 一時的増額
クレジット債務 自社利用 指定信用情報機関	生活維持費	地域物価 価格差を勘案	扶養者数 住宅ロー ン・家賃	支払可能見込額 包括(カード)クレジットは×0.9	少額 生活必需品 教育ローン 緊急医療介護

一括,ボーナス2回)で,「割賦販売法」の適用を受けます。銀行の本体発行カードもノンバンクが発行するカードも対象です。

また,割賦販売法においては,利用者の年収でカードの限度額に制限がある「包括支払可能見込額」の算定が規定されています。

第2章 日本のカードビジネスとFinTech

5 金融政策がカードビジネスに与えた影響（4）プリペイドと法

　わが国の決済カードビジネスには，それぞれ異なる法規制が適用されます。もっとも新しい決済カードに関する法律は，プリペイドカードや仮想通貨を対象とする「資金決済法」です。プリペイドや仮想通貨には新しいテクノロジーが必要ですからFinTechが活かせるでしょう。
　デビットカードは預金口座を持つ銀行によって発行されますが，プリペイドカードは発行企業に事前入金（チャージ＝プリペイド）して使用します。

▶プリペイドカードと「資金決済法」

　資金決済法は，商品券やプリペイドカードなどの金券（電磁化された電子マネーを含む）と，銀行業以外による資金移動業について規定しています。
　古くは「商品券」からEdyなどのプリペイドカードまで，媒体上に金銭的価値を持っていました。
　ところが，**海外で主流**となったVisaやMasterCardなどの国際ブランドを持つプリペイドカードは，カード媒体上には会員番号があるだけで，金銭的価値はネットワークに接続されたコンピュータ上にある「サーバー方式」です。
　写真は米国の流通業で販売されているプリペイドカードです。
　「資金決済法」により，サーバー方式のプリペイドに法律の裏づけが与えられました。
　ただし，金銭的価値をサーバー上に預けるといっても「預金」ではなく，「買い物をする権利を購入」したことになります。預金保険[※1]の対象にはなりません。

▶海外での利用や外貨引き出し

　資金決済法では「資金移動業」について定めています。これは銀行の為替業務を補完するもので少額（100万円以下）の資金移動を銀行以外にも解禁するものです。これにより，海外送金をはじめ，海外でのカードを使った現地通貨の引き出しや，海外でのカードショッピングが可能となります。

米国の店頭で販売されるプリペイドカード

プリペイドカード

プリペイドカード裏面

チャージ用タグ

 用語解説

1　**預金保険**…金融機関が破綻した場合に，一定額の預金等を保護するための保険制度。

6 金融政策がカードビジネスに与えた影響（5）インフラ

ノンバンク主体でカードビジネスが発展してきたことが、わが国のカードビジネスのインフラを特徴づけています。

初期にクレジットカードに参入した旧日本信販やオリコ、アプラス、ライフなど信販系クレジットカード会社は、もともと、加盟店に個別にクレジット契約をあっせんしていました。個別クレジットとは、消費者が加盟店で商品を購入するたびに、分割払いやボーナス払いなどの個別契約を結ぶことです。

1枚のカードによる分割払いやボーナス払いは日本固有の支払方法で、カード業界では「ジャパニーズペイメントオプション」といわれています。

世界で一般的なカード処理は売上処理だけで、支払方法の指定はありません。

▶高機能，高コストなカード決済インフラ

現在のジャパニーズペイメントオプションは「リボ払い、2回払い、分割払い、ボーナス一括払い、ボーナス2回払い、ボーナス加算払い」と多様化しています。クレジットカードの支払方法の中で、これらのジャパニーズペイメントオプションが選択されるのは2割以下ですが、カード決済インフラを対応させるにはコストが必要です。

カード決済インフラは、加盟店のカード端末やPOSシステム、加盟店とカード会社をつなぐネットワークと情報処理センター、そしてカード会社のオーソリシステムと基幹システムで構成されています。このジャパニーズペイメントオプションと複雑な法規制をシステムに反映することが大きなコスト要因であり、これが外資参入の壁となっています。

▶関連設備も日本専用

日本専用に開発されたインフラは海外に販路を求めることが困難なので、量産効果によるコストダウンが進みません。

今後、わが国でFinTechを開発するに際しては、世界市場への展開を考慮しておく必要があるでしょう。

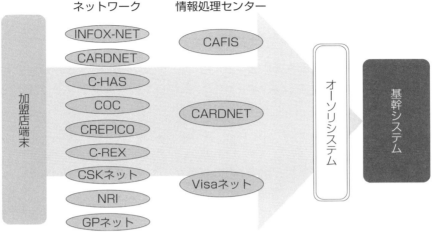

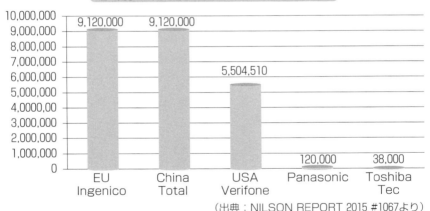

（出典：NILSON REPORT 2015 #1067より）

　上のグラフは世界の地域別カード処理端末の年間出荷数を示していますが，EUや中国が912万台，米国は550万台であるのに対し，日本は製造するメーカーも少なく，主要2社で15万台しかありません。
　インフラが高価なことから，カードビジネスへの新規参入にはコストの壁が存在します。

第2章 日本のカードビジネスとFinTech

7 加盟店の課題と法対応

　銀行がカード業務に参入できなかったことが，わが国のカード加盟店に大きな影響を与えてきました。海外のFinTechは銀行業務が前提ですから注意が必要です。

▶ICカード化の遅れ
　わが国では，カード会社と加盟店との関係で，加盟店を適切に指導することが困難であったことから，国内加盟店のIC対応が遅れました。右のグラフはIC対応カード端末で処理されたICカード取引件数の比率で，カードと端末のIC化を表しています。2017年以降，従来遅れているとされていた米国もICカード化を推進しています。

　米国は磁気カードの有効期限が2年と短く，カード決済端末も安価ですから数年でIC化が実現します。その結果，世界の先進国でわが国にだけIC化しない加盟店が残りますから，世界中のカード犯罪者が日本をターゲットにすることになります。

▶POSシステムの課題と法対応
　多種類の支払方法を持つジャパニーズペイメントオプションは支払方法別に会計処理が異なるので，POSの「売上管理システムや管理会計システム」と密接に関連します。したがって，海外に比べてわが国のPOSは複雑化しており，POSは5年や10年の期間で定期的に更改されます。

　つまり，定期更改に優先してIC化を進めるには抵抗があるのです。なぜなら，加盟店においてPOSの更改はコストではあっても，前向きな投資ではないからです。一方，POSで磁気処理されるカード番号を狙ったマルウェアによる大量のカード情報漏洩が懸念されますが，「POSは閉鎖ネットワークだからマルウェアには感染しない」という誤った認識があり，ICカード化が進まない原因となっています。日本はカード決済世界の「セキュリティホール」になるおそれがあり，改正割賦販売法ではPOSのICカード対応が義務づけられました。

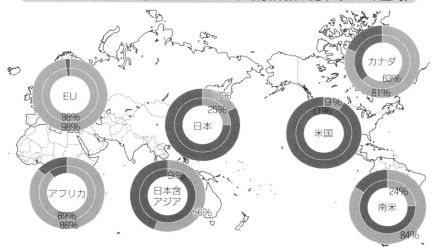

注：外側：POS　内側：ATM
（出典：Visa提供資料から筆者作成）

わが国のPOSが抱える課題

- ICカードリーダーへの交換コスト
- POSシステムのプログラム変更
- 通信電文のフォーマットの変更
- 企業ごとにカスタマイズされている
- システム全体に影響が及ぶ
- 面前決済[※1]のオペレーション教育
- 売上拡大要素がない
- 市場が小さく，システム対応力が脆弱

用語解説

1　面前決済…顧客の目の前でカード処理を行うこと。

8 日本はカード決済が独自仕様で，特異なカード決済文化をもつ

　日本のカード決済はハード面，ソフト面ともにグローバルスタンダードからは外れています。FinTechの導入にはグローバルスタンダードを考慮しておく必要があります。

▶ハード面

　カードそのものの仕様が世界標準とは異なっており，具体的にはカード上の磁気ストライプの位置が異なっています。海外発行カードの磁気ストライプは，裏面が基本のJIS標準規格ですが，わが国で発行されるカードの磁気ストライプは表面にある日本国内専用の派生仕様が追加されています。

　海外で発行された裏面磁気カードに対応するATM[※1]はゆうちょ銀行とセブン銀行などしかありません。日本全国に設置されたATMの4分の1程度です。

　また，国内仕様の「ApplePay」や「おサイフケータイ」などの非接触決済も世界標準のインターフェイスであるVisa payWaveや MasterCardコンタクトレス[※2]ではありません。

　国際標準にはクレジットやデビット，プリペイドのカード種別はありませんが，日本は「iD[※3]」や「QUICPay[※4]」などローカルブランドごとのクレジットアクセプタンス[※5]があり，プリペイドではEdyやSuicaのように専用の決済ブランドがあり，しくみも違います。

▶ソフト面

　特徴的なのは店頭で支払回数を訊かれることです。

　また，顧客の目の前でカード処理をする**面前決済が少ない**のも特徴です。

　日本の百貨店などでは，カードを販売員が持ち去り，中央レジで処理をしてからカード伝票を持って顧客の待つ売り場に戻り，サインを求める方式がまだ存在します。

　FinTechでは，mPOSなど簡素なモバイルカード処理端末が開発されています。面前決済にも使用できます。

カード上の情報媒体

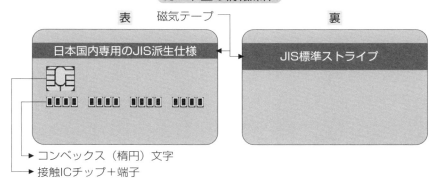

非接触も国内専用規格

 用語解説

1　ATM（Automatic Teller Machine）…現金自動預け払い機。
2　Visa payWave，MasterCardコンタクトレス…国際ブランドであるVisaやMasterCardが提供する非接触ICを使った決済インターフェイス。クレジットやデビットなどを選ばない。また，モバイルだけではなくカード内蔵型もある。
3　iD（アイディー）…株式会社NTTドコモが運営する，おサイフケータイを利用するためのクレジット決済プラットフォームおよびブランド。
4　QUICPay（クイックペイ）…株式会社ジェーシービー（JCB）が開発したクレジット決済プラットフォームおよびブランド。
5　クレジットアクセプタンス（credit acceptance）…引き受け，受け入れること。カード券面と加盟店の店頭に同一のロゴマーク（アクセプタンスマーク）を表示し，マークを掲示した加盟店がマークを表示したカードの受入れを表明すること。

第2章 日本のカードビジネスとFinTech

9 優れた日本の金融システム

　わが国の金融規制は厳しく，決済カードビジネスの規模は小さいのですが，**他の国や地域に比べて優れた点も多くあります。**

▶国内送金の高い利便性
　FinTechで開発されているビジネスモデルでも数多いのが「送金」です。米国では異なる金融機関間の振込みは3営業日，欧州は3営業日を目標に進めており，簡便で高速な送金手段が求められています。
　しかし，わが国では国内の異なる金融機関間の振込みは即時に実行されます。これは，世界的にみても高速な資金移動です。モバイルバンキングであれば場所も選びません。
　つまり，国内のFinTech送金ビジネスは，金融機関休業日の出金や少ない手数料での送金しか市場が残っていないのです。

▶管理の行き届いた通貨
　日本銀行に還流された紙幣は，鑑査を受け汚損度合に応じて流通適否の別に整理されます。一万円札で4年程度，千円札は1年から2年で新札に交換されます。世界でも有数の質の高い紙幣が市場に出回っています。

▶非接触決済も高速
　振込みなどの送金をはじめ，日本のカードビジネスは速さが特徴といえるでしょう。
　特に，わが国の非接触決済テクノロジー，Suicaに代表されるSONYのFeliCa[※1]は高速であることが特徴です。0.2秒で処理されますが「1秒」の接触が奨励されています。しかし，カードの内蔵メモリーには国際基準となるクレジットカードなどの番号「BIN[※2]」を持たず独自のトークン[※3]を持っています。世界標準であるTypeA/B[※4]はBINを内蔵しています。

わが国の優れた金融システム

海外では他行宛振込みに数日必要

用語解説

1 FeliCa（フェリカ）…SONYが開発した非接触型ICカードの技術方式。NFC-Fともいう。
2 BIN（Bank Identification Number＝ビン）…銀行識別番号カード。発行者および所持者を特定する番号。
3 トークン…代替番号。
4 TypeA/B…近接無線通信（Near field radio communication）。通信エリアは，数センチからおよそ１メートル程度。「非接触通信」，NFC-A，NFC-Bとも呼ばれる。

第3章

FinTechと
モバイルファースト

　カードビジネスに関連するFinTechにはさまざまなテクノロジーがあります。この章ではモバイルとAppleが開発したApplePay*に関連する要素技術をテクノロジーの視点から解説します。

　現在，FinTechとモバイルデバイスは密接な関係にあります。

　2013年以降，注目されているキーワードの1つに「モバイルファースト」（携帯端末での使いやすさを優先すること）があります。これは，スマートフォンからのインターネット利用が急増した2012年から一般的になりました。

　パソコンからのネット接続が横ばいなのに対し，スマートフォンからの接続が増加したのは，スマートフォンの持つ多機能と性能向上がファイナンス分野の課題解決に有効だったからです。

＊ApplePay（アップルペイ）…米アップル社が開発した電子決済ワレットサービス。「iPhone6」，「iPhone6 Plus」以降の端末やApple Watchに連動。利用者は既存のPassbookアプリに登録している決済カードでの支払いができる。カメラでクレジットカードやデビットカードを撮影することで，複数枚のカード情報を登録。実店舗とオンラインショッピング使用できる。決済時は指紋認証センサーTouch IDで認証する。「iPhone7」，「iPhone7 Plus」にはFeliCa基盤に対応し，SuicaやiD，QUICPayなど国内ローカルブランドで利用できる。

第3章　FinTechとモバイルファースト

1　モバイルFinTechの進化（1）非接触決済の基本技術の登場

　現在，モバイルデバイスはカードビジネス系**FinTechの中核的存在**になっています。それは，人と機械をつなぐマンマシンインターファイスや，人とシステムをつなぐシステム間インターフェイスが，モバイルテクノロジーで進化したからです。

▶2002年から2007年までのテクノロジー

　モバイルデバイスが，音声通信に加えインターネットへのアクセスが可能となったことで一気に機能が拡大しました。

　また，この時期にはモバイルデバイスにRFID[※1]基盤の１つであるTypeA/BやFeliCaを用いた非接触IC決済が始まりました。

　国際規格であるTypeA/Bを基盤に持つVisa payWaveやMasterCardコンタクトレス（旧MasterCard PayPass）はセキュリティに優れ，本来はカードデバイスに内蔵するBIN番号をメディア内に保持することができます。

　2002年当初の国際規格Visa payWaveやMasterCardコンタクトレスは「カード」を媒体としてスタートしました。カードに内蔵したICチップにBIN番号を格納したので，従来の端末やネットワークなどのインフラがそのまま使えます。

　日本独自のFeliCaは高速通信に優れていることから，交通機関の改札に使用され，用途が拡大しました。ただし，BIN番号を媒体に保持しないことから，ネットワーク上でFeliCa固有番号からBINに変換する必要があります。

　乗車券や決済，チケットなど，さまざまなアプリケーションを統合した「おサイフケータイ」として広がりました。

　現在は，TypeA/B とFeliCaの上位規格であるNFC[※2]規格に移行していますが，日本の非接触決済の大部分はFeliCaで運用されています。

モバイルFinTechの進化

2002年～2007年
非接触IC決済の
技術黎明期
PayPass
payWave
おサイフケータイ

2010年～2011年
NFCスマートフォン
を使用したワレット
コンセプト登場
Cityzi
Google Wallet
ISIS→Softcard

2012年～2013年
統合型決済
ワレットの登場
V.me
MasterPass
Pingit

インターフェイスの拡大
QRコード
Bluetooth
バーコード
音波など
Passbook
iBeacon

非接触IC決済はカード上にBINを内蔵している

 用語解説

1 RFID（Radio Frequency Identifier＝ラジオ周波数を用いた識別）…ID情報を埋め込んだ微細部品とアンテナによる，電磁界や電波などを用いた近距離無線通信技術の総称。

2 NFC（Near field radio communication）…近距離無線通信の国際規格。ソニー（FeliCaを推進）とNXPセミコンダクターズ（旧フィリップスMIFAREを推進）の共同開発。FeliCaやTypeA/B（ISO/IEC 14443（MIFARE））など既存ICカード非接触無線通信技術との下位互換がある。使用周波数は既存規格同様13.56MHz。

第3章 FinTechとモバイルファースト

2 モバイルFinTechの進化（2） AndroidのNFC対応

　2007年に登場したiPhoneは，非接触インターフェイスこそ未搭載でしたが，決済分野に大きな影響を与えました。それは，スマートフォンからインターネットに接続することが決済分野に大きな影響を与えることを，後発のモバイルデバイス事業者に示したからです。

▶2010年から2013年まで

　NFCを搭載したAndroidなどのモバイル端末による「ワレット（財布）コンセプト」は国際標準であるTypeA/Bが基盤でした。これは，店頭での非接触IC決済インターフェイスであるVisa payWaveやMasterCardコンタクトレスとして世界中に広がりました。その後，米国を中心にGoogle WalletやISIS（現Softcard）のリリースにつながりました。

　一方，欧州で注目すべきなのは「Cityzi」です。Cityziはフランスの業界団体AFSCM（Association Francaise du Sans Contact Mobile）によって運営されています。世界標準の非接触IC（NFC）対応モバイルで，決済，乗車券，入場券など「おサイフケータイ」と同様のサービスを提供するしくみです。もともと，電話機やパーキングメーターや自販機のコイン盗難による機器破損対策として広がっていた接触ICカード「moneo（モネオ）」を置き換える形として普及しました。

　欧州では，接触ICカードとの置き換えで欧州加盟店のIC対応は進みましたが，米国加盟店のIC対応は遅れました。

　その後，国際ブランドは単純な店頭決済ツールから，スマートフォンをベースとした統合型ワレットVisa V.me，MasterCard MasterPassに移行しました。クレジットカードからポイントカード，身分証，果ては電子化された家やホテルの鍵，車のキーまで，電子化可能なあらゆるものを1つのモバイルデバイスに集約するものです。

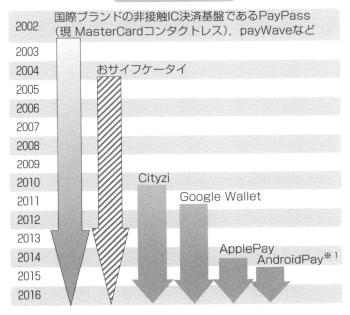

非接触IC決済の歴史

Google Wallet（MasterCardコンタクトレス）端末

 用語解説

1 AndroidPay（アンドロイドペイ）…Googleの提供するApplePay同様のワレットサービス。クレジットカードやデビットカードの情報を登録し，店頭での非接触決済やオンライン上の決済ができる。

3 モバイルFinTechの進化（3）
　　ApplePayの登場と日本ローカル仕様

　モバイルデバイスで正常な進化を遂げたのがAppleのiPhone6以降のデバイスでしょう。NFCの搭載は遅れましたが，カード情報の漏洩対策や生体認証を搭載したモバイルデバイスとして**完成度の高いプロダクト**（製品）です。

▶**ApplePayはグローバルスタンダード＋日本ローカル**

　ApplePayは，いわゆるVisaやMasterCardなど国際ブランドのレギュレーションに最初から適合しています。したがって，ApplePayは使用者や加盟店従業員が決済するために特殊な操作を必要としません。「国際標準」が徹底されているのが特徴です。Visa payWaveやMasterCardコンタクトレスは，iPhone7以降で対応した，FeliCa基盤のQUICPayやiDなど，別番号体系を持つ方式とは異なり，実際のカード番号BINと同じ番号体系を使用します。したがって，海外で広がるVisa payWaveやMasterCardコンタクトレスのインフラがそのまま使用できます。

▶**ApplePayの使える加盟店**

　ApplePayは，Visaの非接触IC決済であるVisa payWaveやMasterCardコンタクトレスの加盟店で使用することができます。iPhone7とApple Watch2からはFeliCa対応の日本ローカル仕様が追加され，日本のローカルブランドであるSuicaやQUICPay，iDでも使えるようになりました。

▶**ApplePayの不正使用対策**

　ApplePayは，iOS7とiPhone5s以降に搭載された指紋認証「Touch ID」を使用します。「Touch ID」はデバイスのロック解除だけでなく，ApplePayに対応したリアル店舗での決済と，モバイルショッピングサイトの認証にも使えます。ただし，日本仕様のSuicaは「Touch ID」を使わない設定が可能です。

▶**ApplePayは決済ブランドではなく「財布」**

ApplePayは支払手段というより「ワレット（お財布）サービス」で，カード登録や更新などユーザーインターフェイスや決済プラットフォームの選択が主な機能です。

お財布にはクレジットカードや現金を入れ（登録し）ないと，決済には使えません。

したがって，「ApplePayで支払う」のではなく，「ApplePayを使ってiDやQUICPay，あるいはSuicaで支払う」ことになります。

▶**グローバル仕様と日本ローカル仕様の課題**

日本で提供されるApplePayは，TypeA/Bのグローバル仕様に，FeliCaに対応した日本独自のローカル仕様が追加されています。

クローバル仕様にはグローバル非接触決済ブランドであるMasterCardコンタクトレスやVisa payWave，そしてJCBのグローバル非接触決済ブランドであるJ/Speedyなどが登録できますが，日本の加盟店はまだ少数です。

一方，日本ローカル仕様には，日本のローカル決済ブランドであるiDやQUICPay，そしてSuicaが登録できますが，使える範囲は日本国内が中心です。

ただし，ソフトウェア上の仕様であることから，将来は同じサービスが海外でも提供される可能性があります。

▶**ApplePayと国際ブランド管理会社**

取材時には，日本のイシュアも，国際ブランド管理会社であるMasterCardやVisaとのライセンス契約がまだ締結されていないため，国際非接触決済ブランドであるMasterCardコンタクトレスやVisa payWaveをApplePayに搭載していません。

現状では，国内ApplePayユーザーが海外でApplePayを利用するにはApplePayに参加している外国銀行に口座開設する必要があります。

対応エリア	プラットフォーム			支払方法	イシュア
	通信仕様と共通ロゴ	サービス名称	アクセプタンス		2016年11月6日現在
ApplePay グローバル仕様 Pay	TypeA/B)))	Master Card コンタクトレス	MasterCard paypass	クレジット, プリペイド, デビット, ギフトなど すべて	外国銀行
		Visa payWave	Visa payWave		
		American Express ExpressPay	express pay		
		JCB J/Speedy	JCB J/Speedy		
日本 ローカル 仕様	FeliCa	QUICPay	QUICPay	クレジット	JCB オリコカード クレディセゾン ビューカード 楽天カード 三菱UFJニコス au WALLET クレジット TS CUBIC CARD
		ID	iD		三井住友カード イオンカード dカード ソフトバンク カード
				プリペイド	ソフトバンク カード
		Suica	Suica	プリペイド	JR東日本※

※モバイルスイカに登録できるイシュア各社。
注：各グローバルアクセプタンスはプラットフォームとしての可能性を表しています。アップルペイとして決済が実際に行われている状態は変化する可能性があります。
（筆者まとめ）

ApplePayの店頭決済

ApplePayのオンライン決済

第3章 FinTechとモバイルファースト

4 モバイルFinTechの進化（4）Visa payWaveやMasterCardコンタクトレスはインターフェイス

　わが国の非接触デバイスはプリペイドのEdyやSuica，ポストペイ（クレジット）のQUICPayやiDといったように国内**ローカルブランド**ごとの「決済ブランド」として提供されています。

　どの方式もデバイス内部に16桁の国際ブランド[※1]決済番号であるBINを保持していませんので，専用のインフラを通って回線上にあるサーバーであらかじめ登録されたBINに変換されて決済インフラに流れます。

　一方，世界のモバイルデバイスには，決済用としてVisaやMasterCardなど国際ブランドが付いた複数のクレジットカードやデビットカード，プリペイドカードを自由に登録でき，**世界標準インフラ**がそのまま使えます。

▶世界の非接触決済はインターフェイスが決め手

　わが国の非接触決済は国内ローカルの決済ブランド単位ですから，顧客の囲い込みには良いのですが，決済として普遍性に欠け，店頭に多数の端末やアンテナが並び，加盟店POSの個別対応が必要になります。当然，世界展開は困難です。一方，Visa payWaveやMasterCardコンタクトレスはVisaやMasterCardの標準規格ですから，カードの磁気テープやICチップと同じ非接触決済「インターフェイス」なのです。

　磁気テープカードやICカードが，国際ブランドの付いたクレジットカードやデビットカード，プリペイドカードのいずれにも使えるのと同じです。

▶国際標準のセキュリティ

　グローバルスタンダードのApplePayは16桁の国際ブランドのカードを登録します。

　しかし，決済に使用されるカード番号は，登録されたBIN番号に紐づけられたトークンであり，このトークンもBINと同じ仕様で生成されているため，たとえ漏洩しても，それだけでは不正使用ができません。

BIN番号の構造

主要産業識別子 (MII：Major Industry Identifier)

MII 値	産業
1	航空
2	航空／その他予備
3	旅行・娯楽／銀行・金融
4	銀行・金融
5	銀行・金融
6	運送／銀行・金融
7	石油／その他将来発生する産業
8	ヘルスケア／医療／通信／その他予備
9	国家

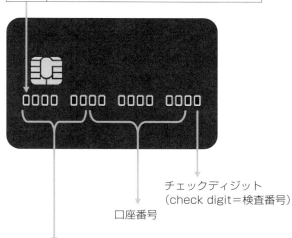

チェックディジット
(check digit＝検査番号)

口座番号

発行者識別番号 (IIN：Issuer Identifier Number)

用語解説

1 **国際ブランド**…「国際ブランド」はわが国特有の単語で，FinTechに関連のある代表的なブランドとして，Visa，MasterCard，JCB，AmericanExpress，UPI（UnionPay International＝中国銀聯）がある。正しくは，「Global General Purpose Cards」もしくは「The Network Branded Payment Card」がふさわしいが，本書では，わが国で一般的な「国際ブランド」という表現を用いる。

… 第3章 FinTechとモバイルファースト

5 ApplePayに見るテクノロジーと戦略（1）標準化

　ApplePayには標準化に準拠した世界戦略を見ることができます。
　FinTechにおけるテクノロジー開発にはグローバルスタンダードの視点が必要であり，FinTechのビジネスモデルは導入する国ごとのレギュレーションに準拠する必要があります。

▶ApplePayのテクノロジー

　ApplePayを実現するNFCチップの1つは通信制御チップと金銭的価値を内包するセキュアエレメントを合体したものです。
　加えて，通信アンテナの設計自由度を向上する通信ブースターを組み合わせています。
　ApplePayは複数のテクノロジーで構成されています。

- 搭乗券，チケット，決済カードを登録して管理できるPassbook
- カード番号入力用のOCR（Optical Character Recognition＝光学文字認識）
- 指紋認証センサーTouch ID
- 仮想番号テクノロジーであるトークナイゼーション（Token-ization：トークン）

　これらを見る限り，ApplePayを搭載したiPhoneシリーズは先端技術の結晶というよりも，確立された既存技術を練り上げ，秀逸なユーザーインターフェイスを添えて，コンパクトな筐体に仕上げたプロダクトであることがわかります。技術面を考えると2015年に登場したApple Watchによる決済も秀逸です。なぜなら，決済の快適性とは財布を出すところから財布を収納するまでの時間を限りなく短縮することであり，Apple Watchはその時間を「ゼロ」にするからです。
　決済に関するテクノロジーであるFinTechの目的は，利便性の向上にあります。そして，ApplePay最大の特徴が，仮想番号テクノロジーによって業界の課題である対面取引[※1]と非対面取引[※2]による不正の排除ができることです。

非接触アンテナのテスト基盤

ApplePayの決済画面

 用語解説

1 　対面取引…CP（Card Present）。店舗での決済など，カードを実際に呈示しての処理。
2 　非対面取引…CNP（Card-Not-Present）。インターネットショッピングでの決済や通信販売でのカード決済など，カードの呈示を伴わない決済処理。

6 ApplePayに見るテクノロジーと戦略（2）アライアンス

　ApplePayのビジネスモデルの特徴は提携活動，アライアンスにあります。
　わが国のカード会社やベンダーの，テクノロジーによる過剰な囲い込みの末に行き着いたガラパゴス化とは一線を画しています。

▶決済カードのグローバルスタンダードはEMV

　EMVとはユーロペイ，マスターカード・インターナショナル，ビザ・インターナショナル3社（当時）の頭文字であり，カードなど決済デバイスと読み取り機の統一仕様です。決済カードと端末の取引実行手順を定めた統一規格であり，実質上の国際決済標準規格です。

　ApplePayはこのEMVに準拠し，Visa，MasterCard，American Expressの3大国際ブランドの決済スキームに対応しているのでMasterCardコンタクトレス やVisa payWaveなど，一連のグローバルスタンダード非接触IC決済に準拠しています。つまり，カード決済業界全体が推進している国際標準の決済ネットワーク網に投入されたことになります。

　わが国のFeliCa系非接触決済がそれぞれ単独のブランドを立ち上げ，加盟店を一から開拓した点と異なるのは，既存の加盟店ネットワークを利用したことです。

　また，Bank of America，Capital One Bank，Chase，Citi，Wells Fargoを含む多くの主要な銀行によって発行されたクレジットカードおよびデビットカードと連携していることも特徴です。

　これらを総合すると，米国におけるクレジットカード購入額の83％をカバーすることになります。

　また，2017年には米国のPOS端末の92％がIC化され，端末にはNFCアンテナが容易に接続できるか最初から搭載されていますから，一気にApplePay端末に対応できる加盟店が整備されます。

　さらに，iPhone7からは日本のFeliCa系にも対応しました。

非接触ロゴ

欧州のカード端末と共通化された非接触ロゴ

第4章

FinTechの
テクノロジー

カードビジネスに関連するベンチャーとしてFinTech，マーケティング，仮想通貨関連の企業があります。

これらを構成するテクノロジーとして，モバイル，インターネットセキュリティ，暗号や認証テクノロジーがあります。

この章では，カードビジネスに関連する要素技術をテクノロジーの視点から解説します。

第4章　FinTechのテクノロジー

1　国内FinTechトレンド

　わが国におけるカードビジネス関連の，最初のFinTechトレンドは「ICカード対応」と「面前決済」です。

▶日本のICカード対応が始まった

　ICカード化を推進するのがライアビリティシフト（liability shift＝債務責任の移行）です。これは，国際ブランドの規定により，カード偽造による不正使用被害をIC化が遅れたカード会社なり加盟店が負担するものです。

　2010年，欧州が先導し，アジア，アフリカをはじめ世界中でIC化が進展しました。

　ICカード（チップ）取引に関して国内外におけるライアビリティシフトのいずれにも誓約していない国は，世界中で米国と日本のみとなっていましたが2015年に対応が始まりました。

　日米ともに対応が進んでいますが，わが国では加盟店の整備が遅れています。
　割賦販売法の改正で，2018年にもICカード対応が義務化されます。

▶面前決済への切替え

　面前決済とはカード所持者の目の前でカード決済をすることで，この決済スタイルが世界標準となっています。

　しかし，日本の加盟店，特に百貨店やレストランのテーブル決済では中央レジまでカードを「持ち去り」，カード売上票を作成して顧客のもとに戻りサインを徴求するという流れになっています。

　これは，グローバルスタンダード基準から見ると「財布と同様のカードを顧客の目の届かない場所に持っていく」ことと同じです。

　世界の多くの国でIC化が進む中，わが国でも顧客の手元でPIN（暗証番号）入力ができる無線方式のコードレスカード端末が必要になってきます。

　FinTechを活かした，安価なモバイルカード端末の普及が待たれています。

世界基準1　ICカード＋暗証番号（Chip&PIN[※1]）
世界中，国や地域を越えてもICカードで決済が可能

世界基準2　カード処理の基本は顧客の「面前」で

📝 用語解説

1　Chip&PIN（チップアンドピン）…Chip＝ICチップを搭載したカードを暗証番号で認証すること。PIN＝Personal Identification Number。

第4章　FinTechのテクノロジー

2　ペイメントシステムのFinTechトレンド（1）通信

　現在，世界の**カード決済には大きな流れ**があります。カードとFinTechもこの流れに沿っています。

▶承認処理のオンライン化

　現在の決済カードの利用承認（オーソリゼーション＝オーソリともいう）処理はIC化が進んでいます。

　ICカードの承認処理は，カードと端末間で処理をする「オフライン＝スタンドアローン方式」と，端末から回線を通じてカード会社のコンピュータに直接承認を求める「オンライン方式」があります。

　「スタンドアローン方式」は決済速度が速く，「オンライン方式」はリスク対応が優れています。

　現在は取引リスクに応じて2つの方式を切り替えていますが，近い将来，すべてオンライン方式に集約されるでしょう。

　なぜなら，現在の決済カードはクレジットカードだけでなく，即時決済が必須のデビットカード（プリペイドカードを含む）の利用が増加しており，決済件数ではクレジットカードよりデビットカードのほうが多いからです。

　クレジットカードは，あらかじめ決められた「与信枠」を持っており，スタンドアローン承認終了後に売上データを送付することができました。

　しかし，デビットカードは口座からの即時引落を基本とするので，リアルタイム「オンライン方式」が必須です。

　また，最新の不正対策もオンライン方式を前提としています。

　したがって，決済カードの承認はリアルタイムオンライン方式が主流になります。FinTechに関連するカードビジネスもこの影響を受けるでしょう。

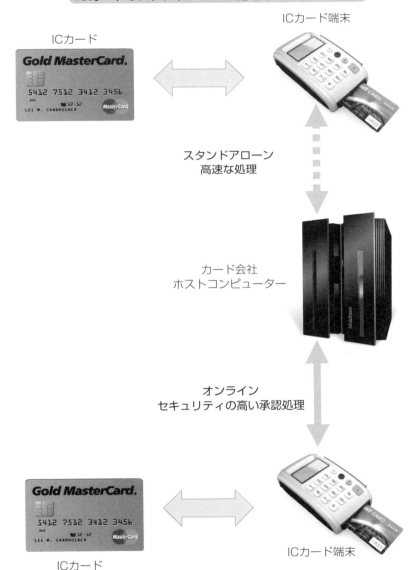

3 ペイメントシステムのFinTechトレンド（2）データ処理

　クレジットやデビット，プリペイドカードの**決済はすべてシステム化**されています。もっとも歴史が古いのがクレジットカードであり，デビットカードやプリペイドカードはクレジットカードの決済スキームが基礎となって後日開発されたものです。

▶バッチ（一括）処理

　クレジットカードのデータ処理は，機械化される以前の事務作業をベースとしています。

　以前では，加盟店でカードを利用すると，電話や無効番号一覧表で利用承認（オーソリ）がなされた後，インプリンターで処理され，カード番号と売上金額からカード売上票が作成されていました。

　カード売上票は，一定期間ごとに集約され毎月カード会社に送られ，カード会社はすべてのカード売上票を分類し，カード会員ごとにデータをまとめて請求したのです。

　つまり，現在のクレジットカードのデータ処理は月度単位のバッチ（一括）処理を基本としてシステムが構築されています。

　現在は，クレジットカードの利用承認のオーソリ電文が送信され，イシュアで承認されます。その後，売上電文が送られます。

　オーソリ電文と売上電文を分けて送信する方式を「デュアルメッセージ」方式といいます。

▶リアルタイム（逐次）処理

　デビットカードは，カード利用ごとに銀行口座残高を更新する必要があります。そのために，カード加盟店とカード会社は通信回線で接続され，カードを利用のつど処理をされています。これをオンラインリアルタイム処理といいます。CD（キャッシュディスペンサー：現金自動払い出し機）やATMの出金もオンラインリアルタイムで処理されています。

クレジットカード　データ処理の流れ

（インプリンター写真提供：株式会社ドッドウエル　ビー・エム・エス）

月度内に発生した大量のデータを集約して処理します。したがって，システムには月に一度大きな処理ピークが訪れます。

デビットカード，プリペイドカード　データ処理の流れ

取扱いのつどデータが生成され，逐次処理されます。

　デビットカードのデータ処理は逐次行われるので，クレジットカードのように月次のデータをまとめて請求する必要がありません。したがって，月次の請求処理は発生しません。

　ATMのデータは，シングルメッセージ方式によりオーソリと売上データが一括で処理されます。

第4章 FinTechのテクノロジー

4 ペイメントシステムのFinTechトレンド（3）個人認証

　FinTechの**認証テクノロジー**は，パソコンやモバイルと組み合わされて進化を続けています。

　また，FinTechでは非接触決済に人体通信（Intra-Body Communication）テクノロジーを応用する取り組みも出てきました。

▶マウスやキーボードタッチのクセから個人を特定

　決済にも応用できる個人認証については，戦時下のイスラエルをはじめとして大学などの研究機関が最先端テクノロジーを発表しています。

　たとえば，マウスの軌跡やキーボードタッチ，そしてモバイル端末の動きを5次元センサーでデータ化して所有者のクセを個人認証に使用する技術があります。これは，マウスやキーボードの操作パターンを記録し類型化しながら，現在の使用者の正当性を確認するものです。

▶進化するセンサー

　また，人体通信テクノロジーでは，ウェアラブルコンピュータ[※1]と組み合わせるセンサー技術が紹介されています。

　具体的には，RF（Radio Frequency：ラジオ周波数）を使用する，コンタクトレンズにアンテナとセンサーを組み合わせるスマートコンタクトがあります。現在は涙の成分を計測してその変化を記録するセンサーが実装されていますが，将来はセンサーの種類が増加するでしょう。

　同様に，電子部品を皮膚に貼り付けるフィルムに生成したEpidermal Electronic System（EES／表皮電子装置）などが提案されており，いずれも具体的な用途としてモバイルと組み合わせた「人体通信決済」が例示されています。

マウスの軌跡で本人認証

スマートコンタクト

(ワシントン大学ウェブサイトから)

人体に貼付したEES／表皮電子装置

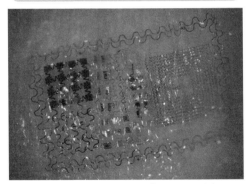

(米イリノイ大学ウェブサイトから)

📝 用語解説

1　ウェアラブルコンピュータ (wearable computer)…身につけて持ち歩くことができるコンピュータの総称。主に手袋など衣服類や腕時計，眼鏡，指輪，頭部に装着するディスプレイなど身につけたまま使えるものを指す。ウェアラブルデバイス，ウェアラブル端末ともいう。

第4章　FinTechのテクノロジー

5 ペイメントシステムのFinTechトレンド（4）近接決済

　FinTechの進展につれ，加盟店の店頭では**決済の多様化**が進んでいます。伝統的な磁気カードやICカードによる接触決済に，MasterCardコンタクトレスやVisa payWaveに代表される非接触決済が加わりました。

　この非接触決済も多様化を続けています。

　これらのテクノロジーは，RFID（Radio Frequency Identifier：ラジオ周波数個体識別）という特定周波数を用いた無線で個別認識をする技術が基礎になっています。

▶近接決済

　RFIDを使用する近距離（周波数帯によって数cm〜数m）通信がベースになっています。MasterCardコンタクトレスやVisa payWave，そしてFeliCaを使用するQUICPayやiDなどは13.56MHzを使用するNFC規格です。

　また，エッソモービル系SSでは，134KHz帯を使用するSpeedpass決済が世界中で使用されています。テキサスインスツルメンツ社のタグTIRIS（Texas Instruments Registration & Identification. System：タイリス）を使用するこのシステムは，数十cm間の通信が可能で水中や汚濁環境にも強いという特徴を持っています。

　この周波数帯の通信はタグ（通信を司る部品）が水中でも交信できることから動物の体内に埋め込むことが可能で，もともと牧場の家畜管理に使用されてきました。人体に埋め込むことも可能で，注射キットが開発されています。

　また，極小RFIDもあり，日立の開発したミューチップは2.45GHzで交信する0.4mm角の砂粒サイズです。

RFIDの応用サービス「Exxon Mobil speedpass」を内蔵した
ガソリンスタンド用非接触決済機能付き腕時計CASIO　GWS-900-4JR

人体に埋め込むことができる非接触タグ

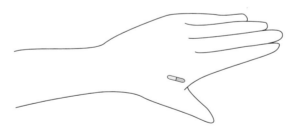

第4章　FinTechのテクノロジー

6　ペイメントシステムのFinTechトレンド（5）近傍決済

　現在の非接触決済はNFCを用います。アンテナから数cmから10cm程度離れて決済するので近接決済といわれています。

　それに対し、10mから100mの距離をおいた決済を「近傍決済（きんぼうけっさい）」と呼びます。近傍決済には主にBluetoothを使用します。

　近傍決済では、加盟店に登録したカード番号で決済します。

▶Bluetooth Low EnergyとBeacon

　Bluetoothとは、NFCと同様、デジタル機器間の近距離無線通信規格の1つです。モバイル通信における廉価な通信端末用の規格であり、厳密な送受信の制御や秘匿性は考慮されていないので、カード番号を直接やり取りするには向いていません。

　したがって、Bluetoothは購入する商品番号の収集などに利用され、決済用のカード番号は加盟店側のシステムやクラウド上から読み出し、店舗のレジからのリモート決済や、チェックアウト時の自動精算で使用します。

　具体的には、加盟店の入り口や陳列棚などに電波で情報を発信するタグを置いておき、スマートフォンを持った顧客が近づくとスマートフォンと交信してスマートフォン上に商品情報を表示します。

　タグとの交信にはBLE（Bluetooth Low Energy）という低消費電力Bluetooth 4.0規格を使用します。

　BLEは近接通信に適した仕様を持ち、消費電力が非常に少ないという特徴があります。内蔵電池で2年以上にわたって電波を出し続けることからBeacon（無線標識）「位置と情報を伴った伝達手段」と呼ばれています。

BLEタグ

BLEは位置情報をスマートフォンに送信

商品情報やクーポンをスマートフォンに表示

第4章　FinTechのテクノロジー

7　ペイメントシステムのFinTech トレンド（6）BIN保持はサーバー上に

　国際標準のEMV規格決済用カードであるクレジットやデビット，プリペイドなどのカード番号をBIN（Bank Identification Number＝銀行識別番号）といいます。

　EMV規格の磁気カードやICカード，国際標準の非接触の近接決済であるMasterCardコンタクトレスやVisa payWaveも媒体上にBINを保持しています。

　ただし，近傍決済や「遠隔決済（えんかくけっさい）」であるインターネット加盟店のショッピングでは，加盟店のサーバー上にBINを保持する場合があります。ネット決済ではBIN，有効期限，カード表裏に記載されたセキュアコード（MasterCardではCard Verification Code＝CVC，VisaではCard Verification Value＝CVV）などを使用します。

　近傍決済やインターネットショッピングでは加盟店のサーバー上，具体的にはiTunes，Amazon，そして楽天市場やYahooなどの事業者のサーバー上にBINなどを預けて遠隔決済を行います。

▶国内非接触クレジット決済の多くはサーバーBIN

　実は，同じ非接触であっても，国内ローカルブランド「おサイフケータイ」のクレジットブランド，QUICPayやiDは決済に使用するBINをサーバー上に置いています。一部の例外を除いてモバイルメディアやカード媒体上には保持していません。独自の決済番号（トークン）を非接触ICカードやモバイル媒体上に置き，いったん回線上のサーバーに送ったうえで正規のBINに変換して決済を行うしくみです。

▶セキュリティ

　国際ブランド管理会社では，BINを加盟店内のサーバー上に置くことを推奨していません。情報漏洩のおそれがあるからです。

　国際ブランドは，情報漏洩対策としてセキュリティの業界統一基準

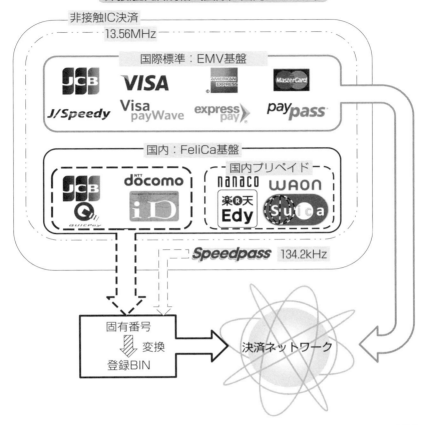

> 　国際標準のEMV規格では，非接触媒体であってもクレジット，プリペイドを問わずBINをデバイス内部に持ち，従来のインフラを通じて決済ネットワークに接続します。
> 　一方，国内はクレジット系とプリペイド系，それぞれ固有の番号体系を持ち，クレジットはサーバー上であらかじめ登録してあるBINに変換して決済ネットワークに接続します。

PICDSS（Payment Card Industry Data Security Standard：決済カード情報セキュリティ基準）を共同で策定しています。会員データの保護，アクセス制御手法など，具体的な要求事項で構成されています。

第4章 FinTechのテクノロジー

8 ペイメントシステムのFinTechトレンド（7）BINはトークン化

　経済活動はリアル店舗からオンライン店舗に移行し，決済もオンライン化が進展しています。しかし，オンライン決済時に，パソコンやモバイル端末からBINを入力するのは手間がかかります。
　したがって，BINをオンラインショップのサーバー上に登録すれば**決済手順が簡素化**され，オンラインショップの売り上げも増加します。

▶ハッキングとBINのバーチャル化CPN（トークン）
　決済番号であるBINをサーバー上に保持すると，常にハッキングや情報漏洩の危険にさらされることになります。したがって，国際ブランド管理会社はBINの取扱いについてPICDSSを策定していますが，それでも漏洩リスクを根絶できるわけではありません。
　オンライン決済の不正対策として3Dsecureという認証方式が開発されたのですが，加盟店側のシステム変更が必要で，決済までの手順が複雑化することから利用が進まないのが現状です。
　そこで，考え出されたのがインターネット上の決済スキーム，仮想決済カード番号（Controlled Payment Number＝CPN）や「トークン化」です。
　このサービスは，既存の決済カード番号BINをベースに「限度額を個別設定」，「有効期限設定」，「使い捨て」可能な，仮想決済カード番号（CPN）を利用のつど発行するものです。仮想決済番号データは，カード会社の直前でBINに変換されますから，決済インフラに透過性（そのまま使用）があります。
　また，情報が漏洩しても仮想決済番号の再利用はできないので安全です。

▶加盟店専用仮想番号
　加盟店ごとに専用の仮想番号を登録するスキームもあります。加盟店の専用番号を利用承認する際に取得した加盟店情報も照合されます。したがって，漏洩した番号が異なる加盟店で不正使用されても認証されません。

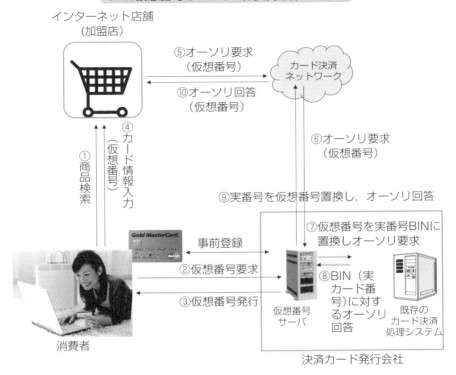

CPN仮想番号オーソリ（利用承認）の流れ

カード所持者（消費者）は自分のカード番号BINを決済カード会社に登録しCPN対応アプリをインストールしておく。
① カード所持者はインターネット上で商品を検索し，カード番号入力欄に進む。
② アプリがカード会社に仮想番号発行を要求。
③ カード会社は仮想番号を発行。
④ アプリが仮想番号を自動入力。
⑤ ショップからカード発行会社にオーソリ（利用承認）要求。
⑥ カード会社にオーソリ要求到着。
⑦ カード会社で仮想番号からBINに変換。
⑧ BINで利用承認判定。
⑨ BINを再び仮想番号に変換して，オーソリ返答。

9 ペイメントシステムのFinTechトレンド(8)クレジットから国際ペイメントへ

　わが国では，戦後から1990年頃まで銀行による決済カードの本体発行が規制されていました。その結果，海外では一般的となった国際ブランドの付いたデビットカードやプリペイドカード，ギフトカード，そして**法人カード**が国内では発達しませんでした。わが国では個人用クレジットカードが多く発行されてきました。

▶東京オリンピック・パラリンピック開催の2020年が目処

　東京オリンピックを控え，政府自民党の2013年政策綱領第290項では，「経済活動におけるキャッシュレス化の推進」が謳われています。そこには「IT技術の高度化，サービスの多様化」として，下記の内容が記載されています。

- 世界的に経済社会のキャッシュレス化（クレジットカード，デビットカード，電子マネー等の利用）が急速に進展していることの認識。
- わが国も，キャッシュレスに対応するためのインフラの整備が必要。
- 利用環境の標準化等が必要。
- 消費・販売分野における利便性や透明性の向上が必要。
- クレジット，デビットカード，電子マネー等の利用グローバルスタンダード化対応。
- 地方の中小小売業の販売事務の効率化促進。
- 消費社会全体の健全な発展・拡大を目指す。

▶決済ガラパゴスからの脱出

　海外で発行されたカードの多くが，日本のATMでは出金できません。

　日本の地方空港には海外からの観光客が到着しますが，空港から市街地に向かう交通機関では国際ブランドカードが使用できません。

　観光地をはじめ国際ブランドカードを取り扱う加盟店は非常に少なく，まだまだ現金社会です。法人対象のコーポレートカードも少数です。

　また，日本で発行されたICの付いていない磁気カードは，欧州のICカード

クレジットカード

デビットカード

ギフトカード

コーポレートカード

ビジネスプリペイドカード

加盟店や国際列車の乗車券自動販売機では使用できません。
　海外では，個人，法人を問わず多様な決済カードが国際ブランドを冠して発行されています。

第4章 FinTechのテクノロジー

10 ペイメントシステムのFinTechトレンドのまとめ

　FinTechでは，通信やモバイルなどテクノロジーの進化がファイナンス分野の革新を促しています。そのFinTechの中で，もっとも多くのスタートアップ分野が決済と融資，つまり**ペイメントとクレジット**なのです。

　これは，通信やモバイルの登場により，FinTechと同様にペイメントとクレジットも大きな変動期を迎えているからです。

　一方，インターネットによりネットショッピングなど非対面取引が拡大し，国際ブランド決済カードは国境を越えて利用されるようになりました。

　クレジットカードに代表されるペイメントには，常に「不正使用」と与信に関係する課題がありますが，テクノロジーの進化は課題を解決しつつあります。

▶進む国際化

　国内決済では，2020年に東京オリンピックが開催されることから，それまで独自に発展してきたわが国の「ガラパゴス化」した決済環境が，一斉にグローバルスタンダードに向かうことになりました。

　もともと，わが国の金融法制は厳しく，融資や決済についてはクレジット枠を収入に応じて規制する「総量規制」や「支払可能見込額算定」，そして利息制限法やみなし利息規定などがあり，さらに銀行やノンバンクを独自に規制する業法もあり，複雑な法体系を持っています。

　ただし，法規制が厳しく複雑なほど，市場が萎縮した結果，かえって新しいビジネスモデルが生まれる可能性があります。

　また，わが国ではスタートアップ，つまりベンチャーが育ちにくい環境といわれていますが，ファイナンス分野ではFinTech企業を支援する法整備が進むことから，金融機関とスタートアップ企業との連携が可能となり，FinTechを推進していくことが期待されています。

- 通信：デビットカードやプリペイドカードなどの拡大で，カード決済の通信はオンラインとなります。

- データ処理：デビットカードやプリペイドカードなどの拡大で，データ処理はバッチからリアルタイムへ移行します。

- 決済形態：接触IC決済に非接触が，さらにFinTechの普及で近接，近傍，遠隔決済へと進化します。

- BIN保持：従来，プラスティックカードの磁気部分やメディアに記録されていたBINは，FinTechの登場で強固なサーバー上に保管されるようになります。

- BIN：BINはサーバーに保管され，従来のカードネットワークにはトークン（仮想番号）が使用されるようになるでしょう。

- 決済：日本ではクレジットカードが主流ですが，国際ブランドを冠したデビットカード，プリペイドカード，ギフトカードが増加するでしょう。

第4章 FinTechのテクノロジー

11 FinTechのカード関連テクノロジー（1）磁気ストライプ関連①

　米国ではICカードが普及せず，磁気カード社会だったことから磁気カードに関するFinTechが数多く出現しました。

　一連のカード関連FinTechの中でも技術的評価が高いのが「カード型ワレット」です。これは，1枚のカードの中に複数のカード情報を登録・内蔵し，スマートフォンと連動することにより，使用するカードを切り替えることができるカード媒体であり，ユーザーが所持する複数枚のカードを1枚にまとめるテクノロジーです。

　ユーザーが登録したいカードの情報は，スマートフォンに接続したカードリーダーを使って読み取り，Bluetoothでカード型ワレットに送信します。

　内蔵されたカードのなかでどのカードを使用するかは，カード上のプッシュボタンやスマートフォンで指定します。

　そして，内容を可変できる磁気ストライプを通じてカード型ワレットを既存の**磁気カード対応**POSに読み込ませることになります。

▶カード型ワレットの実際

　このカード型ワレットとしては，FinTechの中でSwyp，Stratos，COIN，Plastc，LoopPayなどが次々と誕生してきました。

　たとえば，カード型ワレット「COIN」に，国内発行のクレジットカードを登録して指定のカード加盟店で使用できますが，クレジットカードとして「普通」に使用できます。ただし，指定外の通常の加盟店では，使用を拒否される加盟店があることも確認できました。

　「COIN」などのカード型ワレットは，POSなど既存の設備でも処理できるシステム上の透過性を持ってはいますが，加盟店への周知が不足すると，従業員が警戒してカード型ワレットを「偽造」カードと判断する場合があります。

　たしかに，カード型ワレットは正規のカードを読み取って電子媒体上に「クローン」の情報を生成するのですから，悪意はないものの「偽造」になります。多くのカード会員規約では，カード情報の複製を禁じています。

カード型ワレット「COIN」

第4章　FinTechのテクノロジー

12 FinTechのカード関連テクノロジー（2）磁気ストライプ関連②

　リアル店舗でのカード決済はATMからの出金とは異なり，加盟店特有の事情があります。
　それは，加盟店では**カードが従業員の手を経る**ことに起因します。

▶加盟店視点のアクセプタンス管理が必要

　クレジットカードなどの決済カードビジネスは，発行者，会員，そして加盟店によって構成される装置産業型ビジネスです。「カード型ワレット」は装置産業，つまりテクノロジー側からのアプローチで始まり，「発行コストを削減したい発行者」，「複数のカードを集約したい会員」に歓迎されました。
　ただし，「加盟店」視点が抜け落ちているのが最大の課題です。
　カード型ワレットの用途は，スターバックスプリペイドのような加盟店の自社発行ハウスカードや，特定の加盟店とカード発行会社との代行ハウスカード，そしてローカルブランドと特定加盟店とのオンアス取引[1]やポイントカードなどをまとめることには使用できます。なぜなら，特定加盟店の従業員にはカード取扱いを周知させることが可能だからです。
　しかし，国際ブランドカードは，貨幣や紙幣といった「通貨」と同じく，鋳造・鍛造や印刷技術のようなテクノロジーで「同一の媒体を大量に製造」し，紙幣やカードは固有番号で個別化するという歴史を辿ってきています。
　<u>「同一の媒体を大量に製造」するのは，使用の際に受け取る側で偽造判別を容易にする必要があるからです</u>。それが国際ブランドの「アクセプタンス」の基本です。
　カード型ワレットにシステムの透過性があっても，店舗で取り扱うすべての従業員に「アクセプタンス」が未整備のカード型ワレットの取扱いを周知させるのは困難です。機械なら通過しますが，そこに人間が介在すると新しい問題が起きます。

加盟店でのカード決済は従業員の手を経る

📝 **用語解説**

1 オンアス取引…カード会社がイシュア,アクアイアラーを兼ねる取引。

13 FinTechのカード関連テクノロジー（3）ICカードへの対応

　カード型ワレットは米国FinTechで数多く出現しましたが，これは**米国特有**の現象です。なぜなら，米国は今までの日本と同じ磁気カード社会だからです。

　しかし，世界の決済カードはEMV規格のICカード対応を進めており，米国と日本でも2017年を境としてICカード対応が進展します。磁気カードにしか対応できないカード型ワレットは，決済用カードではなく，ポイントカードやハウスカードなどの特定店舗カードでしか利用できなくなるでしょう。

▶ICカード対応は未知数

　国際ブランドは，ICカードへの対応を強力に進めており，FinTechの本場である米国や日本も例外ではなく，世界的にICカード対応が進んでいます。

　ICカード推進の目的は言うまでもなく「偽造贋造の防止」であり，ICチップは内蔵された情報を強固に防御しています。

　ただし，ICカードのセキュリティは40年以上前に開発されたテクノロジーですから，現在のFinTechやモバイルなどの新しいテクノロジーには対応していません。

　「カード型ワレット」にはICチップを実装しているものが出てきていますが，EMV規格にどう対応するかが最大の課題です。

　また，カード型ワレットに使用するカードのアクセプタンスマークが表示できなければ，加盟店での利用は制限を受けることになるでしょう。

▶MST（Magnetic Secure Transmission）

　スマートフォンなどの端末ケースから，磁気カードリーダー内部に磁気ストライプをスワイプした時と同様の信号を生成し，送り込むしくみをMTSと呼びます。これも，EMVに対応するすべてのカードリーダーで稼働する保証はありません。

【磁気カードからチップ&ピン（ICカードへ）】

国際ブランドはチップとサイン認証も認可している

14 FinTechのカード関連テクノロジー(4) カードビジネスと暗号

　ネット上の認証だけでなく，ICカードと端末の認証には暗号処理が重要な技術となっています。ICカードに使用される暗号は共通鍵暗号方式と公開鍵暗号方式（Public Key Infrastructure＝PKI）であり，その基盤はコンピュータの計算速度に依っています。

▶共通鍵暗号方式

　共通鍵暗号方式では，暗号化に用いる鍵と同一，もしくは，暗号化鍵から容易に算出可能な鍵を復号鍵として用います。共通鍵は送信側，受信側とも，厳重に保管します。代表的な共通鍵暗号方式には，DES（Data Encryption Standard），3（Triple）DESなどがあります。日本でSuicaなどに使用されるFeliCa基盤は共通鍵暗号方式からスタートしています。高速処理が特徴です。

▶公開鍵暗号方式

　公開鍵暗号方式は，ペアとなる2つの鍵で構成されています。一方の鍵で施錠（暗号化）したものはペアとなる鍵でしか解錠（復号化）できないのが最大の特徴です。暗号化したほうの鍵は公開（公開鍵）しますが，その公開鍵では復号できません。復号できるのは公開鍵とペアになる秘密鍵だけです。高いセキュリティが特徴ですが，共通鍵暗号方式に比べて処理時間が必要です。

　具体的には，以下のような手順となります。

① 受信者は公開鍵と秘密鍵の一対の鍵を生成する（秘密鍵は厳重に保管）。
② 受信者は送付者に公開鍵を送る（公開する）。
③ 送信者は受信者から受け取った公開鍵でデータを施錠（暗号化）する。
④ 送信者は暗号化したデータを受信者に送る。
⑤ 受信者はデータを自身の秘密鍵で解錠（復号化）する。

　国際ブランドカードで使用されるEMV方式のICカードは，公開鍵暗号方式を使用しています。

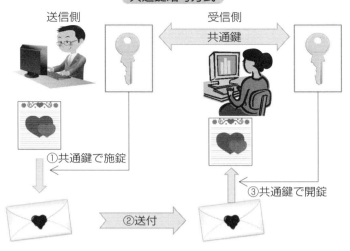

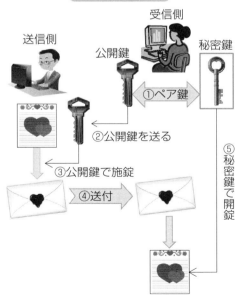

15 FinTechのカード関連テクノロジー(5)
ICカードと暗号

　カード決済と暗号，特に国際ブランドが採用する公開鍵暗号方式は，カードの真正性認証に使用されます。カード偽造を防止する一方，加盟店端末の認証にも使用され，加盟店カード端末の真正性も確保しています。
　これは，ICカードの内部を不正な読み取り機で覗き見るのを防止するためです。ICカードを不正な読み取り機で開錠しようとすると，ICカードは自己破壊して内容を削除します。これを耐タンパ性といいます。

▶ICカードとICカード加盟店と認証局
　決済カードビジネスの暗号方式においては，カードと加盟店の外部に「認証局」が設置され，システム全体のセキュリティが保持されています。
① 　カード発行者（イシュア）はカード発行者公開鍵と，カード発行者秘密鍵のペアを生成。
② 　認証局は認証局公開鍵と認証局秘密鍵のペアを生成し，認証局公開鍵は端末に。
③ 　カード発行者は公開鍵を認証局に公開する。
④ 　認証局は認証局秘密鍵で発行者公開鍵を認証局金庫に施錠。
⑤ 　認証局は認証局金庫をカード発行者に返送。
⑥ 　発行者は発行者秘密鍵で認証局金庫と添付文書をICカード内の金庫に施錠し，ICカード内に施錠したのと同じ添付文書を添付する。
⑦ 　ショッピング時，加盟店でICカードをICカード端末にセットする。
⑧ 　加盟店IC端末の認証局公開鍵でICカード内金庫からカード発行者公開鍵を出す。
⑨ 　加盟店IC端末は発行者公開鍵で添付文書をICカード内の金庫から出す。
⑩ 　添付文書と金庫から出した添付文書が同一でありデータと端末の真正性が確認される。

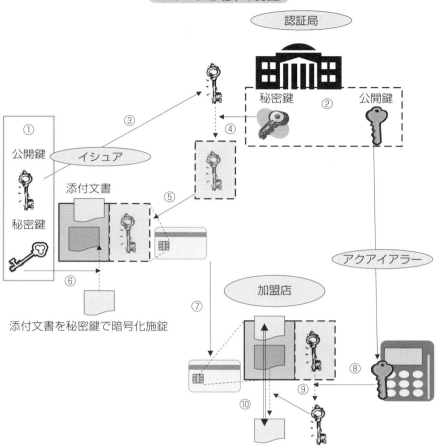

16 FinTechのカード関連テクノロジー（6）暗号化（施錠），複合化（解錠）とは

　ICカードで使用される公開鍵暗号方式では，データの暗号化方式として代表的なRSA（Rivest Shamir Adleman）方式が利用されます。
　RSAの基本は素因数分解です。

▶因数と素数とは

　因数とは，整数をいくつかの積で表したときの1つひとつの数のことです。
　たとえば，24という数から因数を考えると24＝2×12，24＝3×8，24＝6×4，24＝24×1，などいろいろな数で表せます。つまり，1，2，3，4，6，8，12，24という数は24の因数といえます。
　素数とは，1と自分自身以外に割り切れる数（約数）を持たない数字です。
　100までには，2，3，5，7，11，13，17，19，23，29，31，37，41，43，47，53，59，61，67，71，73，79，83，89，97があり，これ以上割り切れない数字です。
　ちなみに，24を素数まで因数分解すると24＝2×2×2×3となります。

▶素因数分解には時間が必要

　素数以外の数字は，素数の掛け合わせです。たとえば，33は素数3と素数11に分解できます。同様に6は素数2×素数3と計算できるので素因数分解すると6＝2×3です。
　18は素数2×9です。しかし，9は素数ではないので，さらに素数3×素数3と分解できますから，素因数分解18＝2×3×3です。
　このように，素因数分解とは素数を求めるために単純な割り算を繰り返し行うことです。
　それでは，578647631はどうでしょうか？
　答えは「素数2713×素数213287」です。

コンピュータは計算ステップの増加に弱い

　さすがのコンピュータも，素因数分解を解くためには多くの計算ステップが必要で，大きな桁数の数字を素数に分解するには時間を要します。

　質問である「578647631の素因数分解」には割り算の多段階繰り返しが必要で長時間かかりますが，解答である「2713×213287」の正当性は2つの数字を一度だけ掛ければ短時間で算出できます。

▶プルーフオブワーク（Proof of Work＝PoW）

　答えを出すのに素因数分解のような単純な計算を繰り返すことをプルーフオブワーク（＝仕事量による証明）といいます。

　つまり，578647631という鍵で施錠し，一定時間内に「素数2713 × 素数213287」という解答を算出させるのが解錠（復号）です。この桁数を膨大にすることによってコンピュータに大量のプルーフオブワークを要求するのが暗号処理の強化です。

　具体的に120を素因数分解すると2×2×2×3×5となりますが，算出は以下のようになります。

```
 2) 120      2) 120      2) 120      2) 120
    60       2)  60      2)  60      2)  60
             2)  30      2)  30      2)  30
                 15      3)  15      3)  15
                             5       5)   5
                                          1
```

第5章

FinTechのテクノロジー キーワードとカードビジネス

　この章では，FinTechのテクノロジーキーワードとカードビジネスとの関連を解説します。世界のFinTechカンファレンスで話題になったキーワードを解説します。それぞれのキーワードは独立したテクノロジーですが，テクノロジー同士が関連してビジネスモデルを形成している場合があります。

第5章　FinTechのテクノロジーキーワードとカードビジネス

1　Send Money（送金（為替））モデル

　初期に提供されたFinTechとして，送金モデルがあります。具体的にはペイパル（PayPal[※1]）やMペサ（M-Pesa[※2]）です。それぞれメールアドレス，携帯電話番号をアカウント（口座）番号として利用します。

▶送金モデルはなぜ誕生したか？

　一般的に，異なる金融機関への送金には時間がかかります。米国の国内送金では3営業日，欧州では3営業日が目標です。もっとも早いとされる英国でも自行内振込は日に3回程度まとめて処理されますから，着金まで数時間かかります。

　国際送金には，コルレス銀行（Correspondent Bank）同士による為替決済を利用します。コルレス銀行とは自行の海外支店の役割を果たしてもらう旨のコルレス契約を締結した相手銀行のことです。

　法人決済などの巨額の決済も扱うために，高いセキュリティが必要なことから，高額な手数料と決済までの日数が必要です。

　つまり，従来の国内決済，国外決済とも時間と手数料が必要なので，消費者の少額送金用としてメールアドレスや携帯電話番号を用いる，PayPalなどの簡便な送金手段が生まれたのです。

▶日本の送金システムとFinTech

　日本では日本銀行が中央銀行となって，全金融機関とオンライン接続しています。したがって，電信扱いの**国内送金は瞬時**，しかも比較的割安な手数料で送金することが可能です。また，ネットバンキングも普及していますから，モバイルでも即時送金ができる環境が整っています。したがって，国内送金市場に資金移動業としてFinTechで参入するためには，現在の国内送金を超える付加価値が必要です。

　一方，海外送金市場にはFinTechによる参入の可能性があります。

【PayPalの場合】
1　電子メールアドレスをアカウント（口座）として開設。
2　アカウントに，送金用に資金を引き出すクレジットカードを登録。
3　アカウントに，収納した資金を受け取る銀行口座を登録。
4　送金者のメールアドレスに送金。
　　4-1　登録したクレジットカードで送金金額を決済。
　　4-2　収納側のアカウントに着金。
　　4-3　収納側アカウントから登録口座に出金。

【M-PESAの場合】
1　近隣のM-PESA取扱店で入金，相手の携帯番号・送金額・暗証番号を入力したショートメッセージSMSを送信する。
2　近隣のM-PESA取扱店で現金を引き出す。
　　金額・取扱店番号・暗証番号を画面上で入力し，身分確認をすればその場で現金を受け取ることができる。

📝 用語解説
1　PayPal…電子メールアカウントとインターネットを利用した決済サービス。PayPalアカウントに登録した口座間へ登録したクレジットカードで入・送金を行う。
2　M-Pesa…ケニヤSafaricomと，南アフリカ共和国ボーダコムという通信会社による，携帯電話を利用した送金サービス。

第5章 FinTechのテクノロジーキーワードとカードビジネス

2 カード決済セキュリティ，トークナイゼーション（Token-ization）

　トークンとは，もともと公衆電話に使用される**代用コイン**です。通話（talk＝トーク）だけに使用されるので（token）と呼ばれています。

　クレジットカードなどの決済カードの番号は，常に盗難・紛失や偽造などのリスクにさらされています。決済に使用する番号のセキュリティを高める技術がトークン化，つまりトークナイゼーションです。

▶他のセキュリティテクノロジーとの違い

　暗号化もセキュリティテクノロジーですが，暗号で施錠・解錠する「鍵」の管理が必要で，なにより番号の文字形態が全く異なるために，既存インフラでは使用できません。マスキングでは元データの復旧が不可能です。

　トークナイゼーションは，元の番号形態を保ちながら代用番号であるトークンを発行し管理するテクノロジーです。

▶決済カードの場合

　カード番号に相対するトークンをサーバーに保管しておき，カード会員が指定したときにカード番号に紐づけたトークンを発行します。

　トークンは決められた基準の番号体系を持っていますから，既存インフラである加盟店やカード決済ネットワークを通常どおり通過します。

　さらに，再利用を防ぐためには，有効期限は当月限り，利用限度額は利用時に指定した金額にすることもできます。

　元の番号とトークンは数学的関連性がありませんからトークンから元の番号を算出したり，類推することができません。

　したがって，万が一，カード番号が漏洩しても再利用ができません。

　決済カードのデータセキュリティ対策基準である「PCI DSS（＝Payment Card Industry Data Security Standard）」では，トークナイゼーションを適用したアプリケーションやデータベースは監査対象から除外できるとしています。

暗号化，マスキングとトークナイゼーションの違い

- 暗号化　　　　　　　123456789012　→　1jaej@joseapj+dwoj

  データプロトコルが変化，パフォーマンス劣化，鍵管理と更新時の停止

- マスキング　　　　　123456789012　→　1＊＊＊＊＊＊＊＊＊02

  データ復旧不可能，ユーザへの告知にのみ利用可

- トークナイゼーション　123456789012　→　16395753492

  ネットワーク，アプリに透過的，パフォーマンス影響なし，鍵管理不要

トークナイゼーションの原理

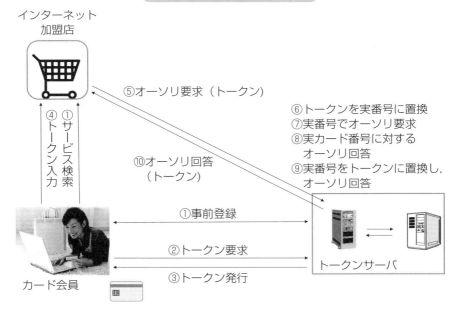

3　トークナイゼーションの実際

　トークナイゼーション自体は2000年代初頭にアイルランドOrbiscom社で開発された，仮想決済カード番号（Controlled Payment Number＝CPN）生成のテクノロジーを利用しています。

　テクノロジー全体の進展でVisaやMasterCardなど膨大な数のカードから発生するトークンの管理がサーバー上のToken Vault（トークン金庫）でできるようになりました。しかもサーバー上には，特定トークンは特定加盟店でしか利用できない設定（Token Requestor ID（トークン要求者ID））も可能ですから，電話料金や保険料など，毎月継続して課金される**リカーリング**（Recurring）にも対応できます。

▶決済圏内で完結

　VisaやMasterCardなど国際ブランドの利用は，EUや米国，日本など対象決済圏の中でトークン処理が完結するのが原則です。

　図は国際ブランドによるトークナイゼーションの流れです。これを見ると実カード番号はイシュアとトークンサーバーの役割を持つVTS（Visa Token Manager）やMDES（MasterCard Digital Enablement Service）の間だけでやり取りされる，極めて漏洩可能性の低いシステムであることがわかります。生成されたトークンはトークン決済事業者であるTrusted Service Managerを経て配布されます。

▶リアル店舗でもオンライン店舗でも利用できる

　トークンは，AppleのiPhoneのように内部のSE（Secure Element）チップで処理される場合と，SEチップを使用しないクラウドベースのHCE（Host Card Emulation）で処理される場合があります。いずれもNFC（Near Field radio Communication）を使用した店頭での非接触決済で使用されるほか，スマートフォンのアプリ上やオンラインショッピングでもトークン決済が利用できます。

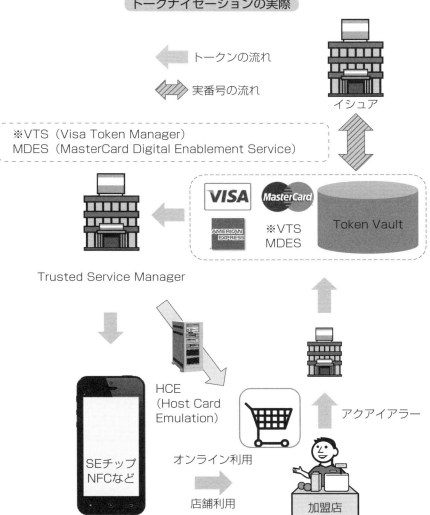

4 カードビジネスとビッグデータ

　ビッグデータとは，生活者の消費行動や生活インフラから得られる情報，またパブリックデータなどの大量のデータです。具体的にはニュースの見出し，ネット上の書き込み，人工衛星で撮影したスーパー駐車場の写真，店内の監視カメラのデータ，エルニーニョ現象，漁獲高，出生率など，ビッグデータを高速処理することによって得られる情報と，その分析が**マーケティング**などに活用されるようになってきました。

▶**ビッグデータとクレジット**

　クレジットビジネスで重要なのが「与信」と「不正検知」，そして債権管理です。与信とは，最初にクレジット申込者の審査可否と与信額を決定することです。

　従来は住所，氏名，生年月日，勤務状況などを数値化するスコアリング審査に加え，ビヘイビアで与信可否や融資枠を判定しました。

　ビヘイビアとは行動，態度，振る舞い，挙動，行為，素行，動作，習性，行儀，品行，反応，作用，調子などを表します。ビッグデータをビヘイビア判定に使用することで，可否判断や与信枠設定が精緻化されます。

　また，クレジットカードをはじめとする決済カードは，常に不正使用に狙われています。ビッグデータを分析することにより，不正使用をパターン化し機械学習[※1]を重ねることによって，不正を防止することが可能です。

　特に，増加するインターネット決済CNP（Card Not Present）では不正使用も増加しており，加盟店やカード所持者のモニタリングが重要になってきます。

　利用状況を細かく分析し，不正使用の兆候を発見，制御し学習するAI（Artificial Intelligence＝人工知能）が使われはじめています。

ビッグデータとクレジット与信

ビッグデータとAIでカード不正使用を防止

 用語解説

1　**機械学習**…行動と結果のデータから反復的に学習し，類型パターンを見つけ出すこと。学習した結果を新たなデータに当てはめることで，パターンに従って将来を予測する。

5 カード決済リテールペイメント（mPOS）

　mPOSとは，モバイル端末にカードリーダーを接続してPOS（Point of Sale＝販売時点）ターミナルの機能を持たせたシステムです。
　従来，決済カードの加盟店契約に必要とされていた，煩雑な契約手続きと複雑な手数料体系，そしてカードリーダーやPOSの導入コストを廃し，わずか数年で取扱高が急増しました。
　その後，世界中で同様のビジネスモデルが稼働するに至っています。2009年，米国から始まったこのビジネスモデルは，磁気カードとサイン認証への対応だけでしたが，欧州へ拡大するにつれて**接触型ICカードとPIN**（暗証番号）認証へと進化し，非接触型ICへの対応も始まりました。

▶決済ツールからマーケティングシステムへ

　本来のPOSシステムには，
1. 販売，返品，税金など金銭授受と収納やレシート発行，販売登録やポイント処理など，顧客面前でレジ処理を行う「ショップフロント機能」
2. 出荷引き当てなど在庫管理や，販売傾向分析，商品管理，発注登録，そして顧客管理や各種のレポーティングなどの「バックヤード機能」

の2つの機能があります。
　当初のmPOSの機能は，スマートフォンのイヤホンジャックに磁気カードリーダーを付け，カード決済するだけの簡易ショップフロント機能だけでした。
　現在では，タブレット端末にスタンドを付け，商品タグを読むバーコードリーダー，現金や伝票類を格納するキャッシュドロア，レシートを出力するプリンタを接続した本格的なPOSシステムに発展しており，クラウドと接続され本格的な「バックヤード」機能を備えるに至っています。これにより，カードの個人情報と決済情報，バーコードから得られる商品の単品情報，さらにビッグデータをミックスした高度なマーケティングシステムの構築が可能となっています。

従来のmPOSはカード決済機能だけ

高度なバックヤード機能を備えた現在のmPOS

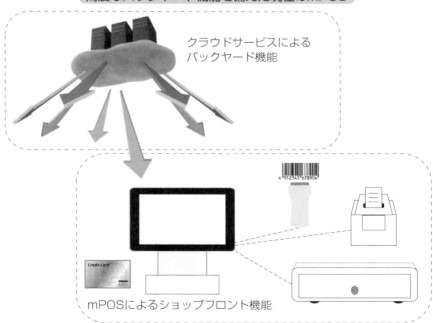

クラウドサービスによる
バックヤード機能

mPOSによるショップフロント機能

6 自然言語処理NLP（=Natural Language Processing）とAI（人工知能）

　自然言語処理NLPは，人間が日常的に使っている自然言語をコンピュータに処理させる一連のテクノロジーです。分析と応答には人工知能AIが重要な役割を果たします。

▶人からAIへの音声コマンド（指令）

　iPhoneの「Siri」やAmazon Echoの「Alexa」をはじめ実用化が急速に進んでいます。音声で指令を出すことにより，検索やリモートコントロール，さらに外部アプリと連携するWikipedia検索やレストラン予約などパーソナル・アシスタント機能を提供します。

　AIと人間の対話が当たり前になる未来がそこまで来ています。

▶金融サービスと自然言語処理

　金融機関のダイレクトチャネル（顧客接点）[※1]に必須となるコールセンター業務の多くがNLPに置き換わるでしょう。

　インバウンド（消費者からの架電）の場合，音声で「リボの金額変更」と指定することで担当に直接つながるようになります。さらに，音声分析による本人確認も実用化され，セキュリティが向上するでしょう。

　アウトバウンド（企業から顧客宛ての架電）では，音声でのサービス案内やクレジット債権の電話督促に使用されるでしょう。

　特に，管理債権督促では，声の調子で対応を変化することが可能です。AI側で効果的な声質や調子を選択して回収効率を上げることが可能になるでしょう。

　債権回収にはスクリプト（台本）を作成しますが，これはプログラミングそのものなので，早期にAI化が実現します。そして，督促経緯と回収実績を反映する機械学習が進むでしょう。

Apple iPhone (Siri) とAmazon echo (Alexa)

コールセンター業務は音声認識とAIがサポートする

用語解説

1 ダイレクトチャネル（**顧客接点**）…インターネット，電話，郵便，訪問など，金融機関と顧客が直接接触する方法や手段。金融機関で用いられる用語。

7 クラウドファンディング

　クラウドファンディング（Crowdfunding：ソーシャルファンディングともいう）は，インターネットを経由して，不特定多数の人々が特定の組織に資金の提供などを行うことです。また，その仲介者を指します。

　資金調達を受け，事業をスタートアップする方を「起案者・実行者」，資金を提供する方を「支援者」と呼びます。スタートアップする事業を「プロジェクト」と呼びます。仲介ビジネスでは，出資金額に対して一定の手数料を徴収します。

　実行者は仲介者のウェブサイト上でプレゼンテーションを行い，支援者を募集します。何らかの製品を開発する場合などはサンプルや試作品を呈示し，その機能としくみをプレゼンテーションします。

　資金調達には目標金額と募集期間が設定されます。

▶出資に対するリターンの形態は3種類

- 「寄付型」はリターンを一切求めません。
- 「購入型」は完成した製品やサービスが出資者へリターンされます。
- 「貸付（ソーシャルレンディング）型・ファンド型」などの金融型は事業が成功すれば出資金に応じたリターンがあります。米国では金融型が中心です。

　ただし，リターンは保証されているわけではなく，製品が完成に至らなかった場合や組織が解散する場合もあります。

　出資は，即時支援型（all in）と達成後支援型（all or nothing）があります。
　即時支援型は目標金額達成にかかわらず決済され，リターンが得られます。
　達成後支援型は目標未達の場合，全額返金されます。

▶クラウドファンディングとカード決済

　不特定多数の人々からの出資では出資金決済が発生します。一般消費者からの小口出資にはクレジットカードやデビットカードをはじめ銀行ATM振込み，

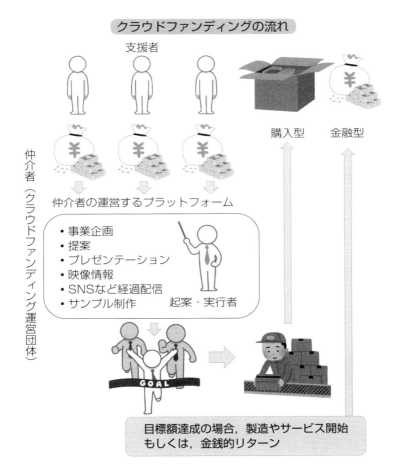

コンビニ払い，ネットバンクが使用されます。

　2015年改正金融商品取引法が施行され，従来は事実上禁止されていた出資の引換えに未上場株を渡す「株式型」が解禁されました。また，小額の「貸付型」，「ファンド型」も取扱業者の参入が容易になります。今後は新規参入企業が増加し，ソーシャルレンディングなど「金融型」クラウドファンディングを中心とした市場が拡大するでしょう。

第5章 FinTechのテクノロジーキーワードとカードビジネス

8 unbanked／underbanked（非銀行利用者層）とクレジット

　銀行口座を開設（利用）することができない貧困層（unbanked）は「金融サービスをまったく利用できない層」であり，また，underbankedは「十分に利用できない」状態を指します。たとえば，不法移民はunbanked，国民であっても信用状況が低い層はローンやクレジットカードが利用できないunderbankedに当たるでしょう。

　日本人は，本人確認ができれば誰もが口座開設ができますが，**世界人口の4分の3に当たる50億人**はunbanked／underbankedとされています。

▶米国与信の5階層分類

- スーパープライム層：優良なクレジットヒストリーを持ち，履歴に汚点がなく，豊富な資産を有する富裕層。
- プライム層：長いクレジットヒストリーを持ち，しかも履歴に汚点がなく，2年以上，同一の仕事に就いている持ち家層。
- ニアプライム層：過去の信用履歴に若干の問題があるが，就労が安定しており，持ち家が賃貸でも長期に定住している層。
- ノンプライム層：信用履歴に問題があるものの，仕事に就いている人。主として賃貸住宅に住んでいる層。
- サブプライム層：就労が安定せず，住所も一定ではない賃貸住宅居住者が主体となる層。

　代表的なクレジットスコアであるFICOスコアの中央値は723。平均値は687。730以上だとexcellent!!，700-729がgood!，670-699ではso-and-so（まあまあ），585-669になるとiffy!?（微妙……），585以下になるとbad!!となります。

　日本には貸金業法の「総量規制」と割賦販売法の「支払可能見込額」という年収でクレジットの利用金額に上限を設ける規制があります。若年層の非正規労働者や定年退職者などに影響が出ています。特に，資産を持っていても収入が少ない高齢者のカードの利用限度額が低いという課題があります。

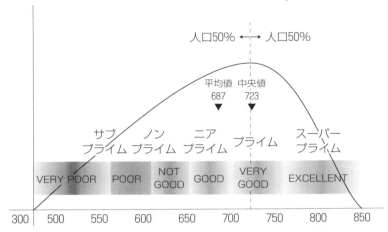

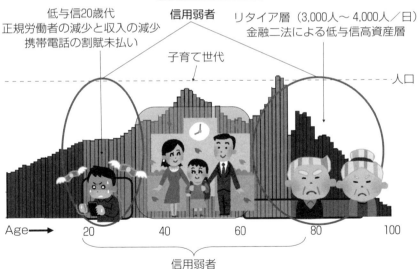

9 NEOBank

　NEOBankはスマートフォンやWebを活用した新しいスタイルの銀行業務のことです。米国で誕生し，各種の銀行業務に参入したスタートアップ企業群に，従来の銀行が名付けました。

▶わが国の銀行業務とノンバンク

　わが国の銀行法では，**銀行の本業**（固有業務）を，受信業務である「預金」，与信業務である「貸付」，決済業務である「為替」としています。それ以外の付随業務には債務保証や手形引受け，貸金庫があり，周辺業務としてクレジットカードやリース，ファクタリングがあります。

　ただし，長らく銀行は法人対象のビジネスが中心で，かつ本業以外の事業展開に規制がありました。その結果，銀行が扱えなかったクレジットカードについては「割賦販売業」が誕生し，リテール対象の「貸金業」や少額を取り扱う資金決済業など銀行以外の各種ノンバンクが誕生しています。

▶米国のFinTechによるNEOBank

　一方，米国の金融機関は幅広い金融業務を取り扱います。

　FinTechの登場で，従来の金融機関ではなし得なかったサービスを業務単位で実現した，以下のようなNEOBankがスタートアップしています。

- 預金業務：「消費を目的とした」預金をサポートし，送客による広告収入を得る「Smartypig」。節約行動をサポートし，自動的に預金を積み立てる「Digit」，無店舗のモバイル銀行業務を提供する「Simple」（BBVA［ビルバオ・ビスカヤ・アルヘンタリア銀行＝スペインの大手銀行］が買収）などがあります。
- 貸付業務：インターネットを通じて少額の資金を広く集める貸付型クラウドファンディング。ショッピングに分割払いを適用する個別クレジットの「Affirm」，インターネット上のビッグデータやAIによる高速審査の「Kabbage」などです。

銀行業務とノンバンク

銀行の業務	固有業務(銀行の本業)	預金(受信業務)	Debit card		ノンバンクと金融商品	
				Prepaid card	資金決済業(プリペイドカード)	
		貸付(与信業務)	Card loan	Card loan	貸金業	
		為替(決済業務)	card 海外利用	card 海外利用	資金決済業(資金移動・送金)	
	付随業務(銀行法10条)	債務保証,手形引受け,貸金庫など				
	周辺業務	クレジットカード,リース,ファクタリング	Credit card	Credit card	割賦販売業	

※日本の金融機関は銀行業務以外の周辺業務への進出に規制があった
※銀行は銀行法に基づきすべての金融商品を扱うが,ノンバンクは業法に基づきそれぞれ固有の商品を扱う

- 為替送金業務:海外の銀行間送金には時間がかかります。米国では3営業日程度,欧州では3営業日の送金を目標にしています。そこで,ICT (Information and Communication Technology) を使用して迅速な送金を可能にするFinTech企業がスタートアップしています。代表的なものが,メールアドレスをアカウントとする「PayPal」,従来の金融機関口座と自社のアカウントをリンクする「Dwolla」,モバイルのSMS (Short Message Service) 間で高速な送金を実現する「Venmo」 (Braintreeが買収),モバイルを使用する移民労働者向けの国際送金サービス「Worldremit」などです。

▶クレジットとNEOBankサービス

FICOスコアなど個人信用情報を照会し,広告と連動しながら融資を実行する「CreditKarma」などのサービスは日本でも有効でしょう。利息制限法の範囲内で収益が出せれば有望です。

第5章 FinTechのテクノロジーキーワードとカードビジネス

10 クラウドサービスとカード決済

　クラウドサービスの構成要素はコンピューティング，データストレージ，データベース，コンテンツ配信，ネットワークなどです。そして，ビッグデータ分析などがクラウド上で提供されます。
　これらのクラウドサービスは，**国境を越えて提供**されるのが特徴です。

▶AmazonやGoogleが提供

　AmazonのクラウドサービスであるAmazon Web Services（AWS）事業の売上構成は8％ですが，営業利益では52％を占めています。つまり，Amazonは世界最大のクラウドサービスベンダーなのです。また，Googleも「Google Cloud Platform」（GCP）でこの市場に参入しています。
　クラウド・コンピューティングといえば，堅牢なインターネット回線上に巨大なデータセンターを置き，データストレージや情報処理サービスを提供するInfrastructure as a Service（IaaS）や各種ソフトウェアをインターネット上から提供するSoftware as a Service（SaaS）が中心です。これに，最近はソフトウェア開発環境をクラウド上で提供するPlatform as a Service（PaaS）が加わりました。
　AWSなどの○aaSはITコスト全般の軽減とBCP（Business Continuity Plan＝事業継続性）の切り札といわれ，FinTechの事業インフラを支えています。

▶国際サービスは「世界通貨（カード）」で

　AWSやGCPは，国境を越えて展開される法人向けのサービスですが，その決済手段は"法人カードによる月額のカード課金"です。いずれも，国際ブランドカード（VISA, MasterCard, JCB, AMEXなど）決済で，しかも米ドル建てとなっています。これは，世界を相手に提供する均一なサービスは「世界通貨」で決済することが必要だからです。
　「請求書送付」，「月末締め」，「翌月現金払い」では対応できません。

国境を越えるサービスは国際通貨で決済

第5章　FinTechのテクノロジーキーワードとカードビジネス

11 FinTechと国際ブランド法人カード

　FinTechを支えるテクノロジーはクラウドであり，インターネットです。そして，FinTechのインフラとして使用されるAmazon Web Services（AWS）の決済に国際ブランドカードが必須なのは，AWSが全世界で利用されているサービスだからです。

　つまり，国際ブランドカードの役割は，Amazonと顧客企業がすぐに利用開始できるようにするための認証と決済手段を兼ねているのです。

▶法人取引と決済

　通常の国内法人取引B2B（Business-to-Business，BtoB＝企業間取引）だと，企業審査から始まり決裁と承認，複雑な登録，請求，入金と確認，売掛管理，と膨大な手間とコストが必要です。

　これが海外との取引だと請求書払いも可能ですが，外貨建ての海外送金が必要となります。当然コルレス決済となるので手数料も高く，決済までの日数も必要ですから経理部門の負担は大きくなります。

▶FinTechを使った国際間取引に欠かせないカード決済

　海外とのB2B決済を合理化するのが，国際ブランド決済カードです。しかも，法人口座からの高額決済が可能な**法人デビットカード**が最適です。

　わが国では，長らく金融機関がクレジットカードビジネスに参入できなかったことの影響が現在も尾を引いています。法人向けの国際ブランドデビットカードが少ないのもその影響の1つです。

　わが国でも，消費者向けの国際ブランドデビットカードの普及が始まりました。これから，FinTechを使ったビジネスで国際展開をねらう場合，国際ブランドを冠した法人カード，特に法人デビットカードが必要です。

　ネット決済が中心となりますから，必ずしもカードの発行は必要ではなく，番号だけの発行で実現できます。

国をまたがる法人間決済には国際ブランド法人デビットカードが必要

国際ブランド法人デビットカード決済の特徴

企業審査が不要

世界で使える汎用性

口座残高を限度とする高額決済

カード番号ごとに利用限度額の設定が可能

ネット決済専用ならカード発行不要

第5章 FinTechのテクノロジーキーワードとカードビジネス

12 ジオフェンシング(Geofencing)と FinTech決済

　モバイルデバイスに内蔵されたGPS（Global Positioning System＝全地球測位システム），WiFi，Beaconなどの基地情報を基にして，地上（Geo）に仮想的なフェンスを構築し（fencing），対象者の**チェックイン，チェックアウト**を管理するしくみです。

▶O2O（Online to Offline）とFinTech

　具体的には，モバイルテクノロジーの進展により，GPSを使用したジオフェンシングサービスを使用するマーケティング活動，プロモーションによる決済にFinTechが使用されています。

　なぜなら，現在のO2Oと呼ばれるオンラインサービスを経由したオフライン店舗の一般的な販売促進サービスでは，ユーザーがメールなどで特定店舗の割引サービスであるクーポンを受け取っても，店頭レジでしか決済できませんでした。これに対し，ジオフェンシング＋FinTech決済は，店舗に近づいた時に操作をしなくても自動的にクーポンが適用され，自動決済されるのが特徴です。

　FinTechでは，特定の店舗に近づくとモバイルの着信音がして「今なら半額」のクーポンメールが届きます。そして，クーポン（Offer）を適用すれば，あらかじめ登録（Linked）してあるペイメントカード（Card）を使用したCLO（Card Linked Offer）サービスで決済利用されます。

▶店舗内プロモーション

　また，店舗内のWiFiやBeacon（無線標識）などの通信で，ユーザーのモバイル上にクーポンを表示することも可能です。特にBeacon端末はモバイルとの距離を認識し，入店時のチェックインサービスや特定売り場に近づいた時の情報提供など，細かい設定ができるのが特徴です。

　具体的には，お勧め商品の前で立ち止まり，検討したにもかかわらず購入を見送った場合でも，店舗外に出る間際でさらに特典を告知することができます。

店舗に近づけばGPSで顧客誘致

店舗に入ればチェックインポイント

セール商品や追加クーポンの告知

第5章 FinTechのテクノロジーキーワードとカードビジネス

13 FinTechカード登録による決済

　第4章で説明した「近傍決済」は，決済時にレジに寄らずにあらかじめ加盟店に登録したクレジットカードを用いて決済する方法です。

　「遠隔決済」も，あらかじめカード番号を事業者に登録しておき，購入した商品代金やサービスを受けたあとにレジや会計窓口に並ばずに登録したカード番号で決済する方法です。

▶決済カードの登録

　現在，iTunesやAmazon，楽天市場などのネットショッピングでは，あらかじめ決済カードを登録していますが，FinTechの進展でリアル店舗でもお店に決済カードのトークン（本章②③を参照）を登録するようになります。

▶流通業×FinTech＝顔パス決済

　現在，スーパーに設置されているセルフレジはバーコードから商品情報を読み込ませますが，これからはRFID（Radio Frequency Identifier）という商品情報を埋め込んだ無線タグを使用し，非接触で購入商品情報を読み込み，購入したい商品を指定することが可能になります。

　ショッピングの終了後，店舗から出た時点で，指定された商品が登録されたカードで遠隔決済されます。決済された商品は，後日配達されるか駐車場で受け渡されます。

▶交通×FinTech＝Uber

　画期的な配車サービスであるUberの特徴は，登録されたカードでの決済です。現在地と行き先を地図で示せば，料金の見積と時間，車種や運転手が表示され，乗車後はチップも含めて登録されたカードで決済されます。

▶ヘルスケア×FinTech＝ホスピタルチェックアウト

　大病院などの施設型サービスの課題は，会計窓口で支払のために時間を取られることです。あらかじめカードを登録しておけば終了後に自動決済され，支払のために窓口で待つ必要がなくなります。

長いレジ待ち行列

購入商品と登録カードで無人決済

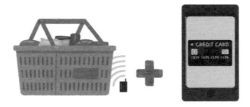

病院の会計待ちもなくなる

14 カメラ機能による認証，登録の自動化

　クレジットカードに限らず，各種の登録作業やIDとパスワードを使った認証をモバイル上のソフトウェアキーボード[※1]から手作業で行うのには手間がかかります。

▶FinTechによる登録作業アシスタント
　FinTechでは**各種入力を自動化**するテクノロジーが数多く開発されています。たとえば，クレジットカードを申し込む際には，勤務先の情報を入力しますが，FinTechでは，「名刺」をカメラで撮影し，撮影した画像情報からOCR機能を用いて文字を抽出，必要な項目に自動入力します。その際にGPSを用いた地図情報と関連させ，入力地点と登録する住所情報を照合します。
　また，姓名や住所などの個人情報は，免許証やパスポートなどから抽出します。身分証明書は画像情報から偽造贋造も見破ることが可能です。

▶カメラと三次元顔認識（Face Match）
　FinTechでは，高機能化が進むモバイルの動画撮影テクノロジーを用いた個人認証技術が開発されています。顔認証FRS（Facial Recognition System）はデジタルカメラから得られた立体映像を，あらかじめ情報を登録した映像データベースと照合するシステムです。指紋認証や手のひら認証，虹彩認証などと組み合わされ，総合的な個人認証に使用されます。
　このテクノロジーでは，モバイルカメラから得られた動画を3次元情報に分解し，立体的情報を取得するのが特徴です。そこから眼窩，鼻，あごの輪郭などの際立った特徴を抽出します。三次元顔認識は，一般的な画像認識に比べて画像の明るさに左右されにくいことが利点です。
　また，さまざまな角度からの顔画像であっても認識できることも特徴です。ただし，三次元顔認識も表情の変化には弱く，最近では皮膚の見た目（しわ，しみ）を数値化して顔認識に応用する方法が開発されました。これを"Skin texture analysis"といいます。

身分証明書からの個人情報抽出と自動入力

動画認識による顔の3D認証

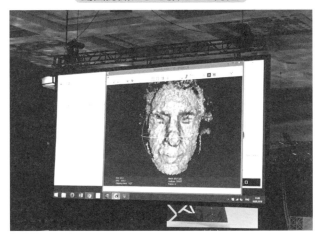

 用語解説

1　ソフトウェアキーボード…モバイル端末の画面上にキーボード（文字パレット）を表示し，指，マウス，ペン，十字キーなどで各キーを指定して文字入力を行う。

15 API（Application Programming Interface）とカードビジネス

　APIとは，コンピュータプログラム（ソフトウェア）の機能や管理するデータなどを，外部のプログラムから呼び出して利用するための手順やデータ形式などを定めたインターフェースのことです。

　具体的には，あるウェブサイト上のエリアに別のウェブサイトの情報を表示します。もちろん，表示されるウェブサイトの認証も行います。

▶クレジットカードの利用限度額には「預貯金」が関係

　わが国の割賦販売法には，クレジットカードショッピングの過剰与信を防ぐ規定「包括支払可能見込額算定」が盛り込まれています。

　支払可能見込額とは，消費者がクレジット債務を支払うために，住宅を奪われずに最低限度の生活をしながら，**債務を支払い続ける**ことができる1年当たりの金額とされています。クレジットカードの場合には利用限度額設定に関係します。

　算出には，カード保有者の年収と預貯金額を使用しますが，クレジットカード会社がノンバンクの場合，金融機関ではないのでカード保有者の預貯金額を把握することができず，カード保有者の自己申告に頼るしかありません。

　したがって，国内で多数を占めるノンバンク発行クレジットカードの利用限度額には預貯金額が反映されているとは言いがたい状況です。

▶APIとクレジットカード限度額

　APIにより，クレジットカード保有者の「マイページ」に，引落し金融機関の「インターネットバンキング」を接続し，保有する預貯金額をクレジットカード会社に反映させることができます。

　ノンバンクの発行するクレジットカードに預貯金を反映させれば，資産を持ちながら，年収のみの情報で利用限度額が低く設定されている高齢者（可処分所得の高い高資産低与信層）のクレジットカードの利用限度額を引き上げることができるでしょう。

APIによるクレジットカードウェブサイトへの口座残高反映

	年収		預貯金	例外部分 丁寧な審査 による増額 一時的増額
クレジット債務 自社利用 指定信用情報機関	生活維持費		支払可能見込額 包括（カード）は×0.9	少額 生活必要品 教育ローン 緊急医療介護
	地域物価 価格差を勘案	扶養者数 住宅ローン・家賃		

第5章　FinTechのテクノロジーキーワードとカードビジネス

16　FinTechの基本, オンライン個人認証

わが国でFinTechを活用するには**大きな課題**があります。それはオンラインで個人認証ができないことです。

一部のクレジットカードでは，「免許証のコピー不要」との訴求がありますが，発行されたカードの受取時に「本人限定受取郵便[※1]」を使用することから最後の一手間がアナログなままです。

▶海外では，社会保障番号などによるオンライン認証

米国などでは，オンラインの個人認証にSSN（Social Security Number＝社会保障番号）などの個人特定番号（マイナンバー）を使用します。

米国の場合，徴税にも使用されますから，海外からの労働者にもSSNが発行されます。SSNはクレジットカードをはじめとする金融取引の個人認証に広く使用されています。

写真は，FinTech企業である，モバイルを使った決済カード加盟店「Square」の登録画面です。

1. ネットで申し込み，到着したメールから，本登録用のウェブサイトに接続。
2. メールのリンクでブラウザが起動しメール宛先認証を行う。
3. 住所，氏名などアカウント詳細情報を入力し，SSNなどの個人確認情報を入力する。
4. 申し込み内容の確認画面。
5. 続いて売上金額が入金される銀行アカウントの情報（金融機関，支店，口座番号など）を登録。
6. 銀行アカウント登録処理→その完了画面が表示。

わずか5分程度で本登録が完了します。
FinTechの活用には，個人特定番号を使用したオンライン認証が必要です。
マイナンバーの民間活用が待たれます。

外国人労働者に発行されるSSNカード

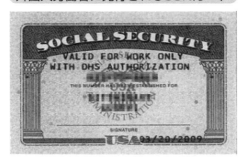

社会保障番号入力欄

用語解説

1 **本人限定受取郵便**…封筒に記載された宛名人に限り郵便物を配布する郵便サービス。 郵便局から宛名人に到着通知書を送付。 郵便物は自宅配送, 郵便窓口受取。 受取時には本人確認書類が必要。

第5章　FinTechのテクノロジーキーワードとカードビジネス

17 金融事業の新しい形，ビジネスモデル（OEM）

　自社で開発したテクノロジーやサービス，そしてビジネスモデルを提供することを，ビジネスの「**ホワイトラベル化**」という場合があります。
　市場にテクノロジーを供給する際に，自社ブランドは表示せずに提供先のブランドだけで供給します。
　ペイメントカードをすでに発行している企業や，ファイナンスやカードビジネスに有効なテクノロジーを持つ企業が自社設備をクラウド上に展開し，他企業に提供する一種のOEM（Original Equipment Manufacturer）です。

▶クレジットカードのOEM
　クレジットカードをはじめとする決済カードにはVisaやMasterCardの国際ブランドを冠した国際ブランドカード「Global General Purpose Cards」がありますが，自社のブランドだけを冠したハウスカード（House Card＝Store Card：ストアカードともいう）も多数発行されています。
　ハウスカードは，使用できる範囲が自社とその指定する店舗でしか利用できない反面，国際ブランドのレギュレーションに縛られず，自由にファイナンスメニューを構築できることから流通業界を中心に発行が盛んです。
　ただし，システム構築とその運営にはノウハウと高いコストが必要で，当然リスクも発生することからOEM活用が始まっています。

▶「行政カード」の発行
　これから，わが国では行政機関が支給する補助金のカード化が進むことが予測されます。具体的には消費活性化を目的とした「プレミアム商品券」のカード化である「ご当地カード」や，大阪府が発行した養護や福祉を目的としたプリペイドカード事業などの広がりがあります。これらの福祉型プリペイドカードは行政機関が発行しますが，プリペイドチャージなど実際の運営は指定金融機関が行うことが予想されます。この場合，システム構築と運用が課題であり，OEMによるシステム提供が必要になるでしょう。

大阪府が発行した福祉目的プリペイドカード

JCBのアクセプタンス制限型プリペイドカードシステムが提供されている。

行政発行プリペイドカードの例示

- BIN，IC，磁気ストライプなどはEMV準拠
- 決済ネットワークは共用
- IC化は必須
- カード名称は任意（名称にポイント）
- エリアアクセプタンスは，福祉担当行政区
- 国際ブランドは要検討
- 端末は簡易型

18 オンボーディング

　乗船券をボーディングパス（Boarding Pass）といいます。オンボードとは乗船を意味するように，オンボーディング（onboarding）とは，**乗船訓練**を指し，組織やサービスに新たに加入した人に手ほどきを行い，組織や規則に慣れてもらうことです。

▶FinTechにおけるオンボーディング

　米国では，人口の約20％がunbankやunderbankedと呼ばれるファイナンス除外層です。日本でもクレジットカード申し込みは20％程度却下されています。もちろん，それ以外にも条件によりクレジットスコアが低い消費者が存在します。

　FinTechにおけるオンボーディングは，これらの基準未満層に決済教育を施し，与信を受けさせるビジネスです。もちろん，リスクが高い層ですが見合った高金利を課すことができます。

　具体的にはローン申し込みの際に，e-ラーニングによりすべての手続きをネット上で完結させる決済教育を施し，最後に実施されるテストで与信の可否や与信ランク，融資条件を判定します。

▶日本におけるオンボーディング

　日本では，若年層の携帯電話契約の割賦金未払いによる信用情報センター登録が一定量あります。その結果，クレジットカードや住宅ローンの利用ができない若年層が増加しています。

　しかし，本来は携帯電話契約に「割賦契約」が含まれることを知らされなかったために生じた事故といえるでしょう。

　わが国の消費者信用業界においても，何らかの救済策が必要でありローンやクレジット申し込みの際にオンボーディングが必要となるでしょう。

　もちろん，学校教育での消費者信用教育も必要です。

与信を得るためにe-ラーニングでオンボーディング

日本ではカリキュラムの中で消費者信用教育が必要

 用語解説

e-ラーニング…パソコンやコンピュータネットワークなどの情報技術を用いて行う学習形態。遠隔地や時間を選ばず教育環境を提供できる。

第5章 FinTechのテクノロジーキーワードとカードビジネス

19 決済プログラムマネジメント（1）決済教育用カード

　クレジットカードの決済情報には，決済されるカード情報以外に加盟店情報も含まれます。
　FinTechでは，カード情報に加え，加盟店情報やさまざまな周辺情報から，オーソリゼーション（利用承認）をコントロールします。
　これにより，カードの種類ごとに使用できる加盟店の設定が可能になります。

▶プログラムマネジャー

　カードのBINと加盟店の**マーチャント情報**から，決済のつど，可否を判定（プログラムマネジメント）します。このビジネスモデルを（決済）プログラムマネジャーと呼びます。
　従来の決済ネットワークをそのまま使用し，イシュアの手前でカード利用の可否を判断します。

▶教育用カードと決済マネジメントプログラム

　米国では，決済カード教育を目的としたStudent Prepaid Cardが販売されています。
　これは，子供にカード決済を学ばせるために親が子供に与える，国際ブランドを冠したプリペイドカードです。コンビニエンスストアやドラッグストアで＄4.95＋任意のチャージ金額で販売されています。
　親は，ネット上からカードに「お小遣い」を繰り返しチャージすることが可能で，利用履歴も逐次参照することができます。
　子供は，実際のカードを使用して，カードの管理や利用限度額「残高」の管理を学ぶことができます。
　深夜の利用やネット利用，レストランでの利用や通学中の利用を制限することができます。

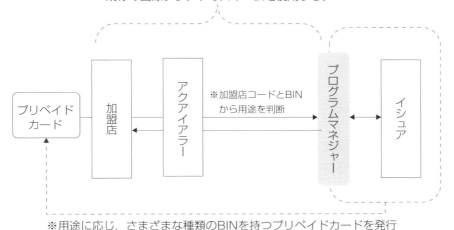

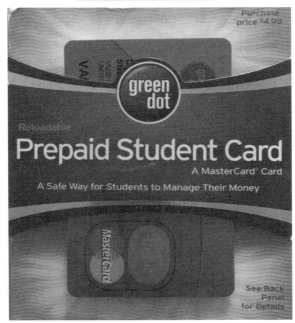

Prepaid Student Card

20 決済プログラムマネジメント（2）
社会福祉などの支援金カード

　日本では，生活保護費などの**社会福祉の支援金**が現金で支払われているためにさまざまな問題が発生しています。

　プリペイドカードで支援金をチャージし，決済プログラムマネジメントで，支援金の目的外利用を制限することができます。

▶カードの使用制限で福祉は向上する

　支援金の目的外利用とは，生活保護費の場合，現金の支給が法で定められていますが，マスコミ等で報道されるのがギャンブル，酒，タバコなどの嗜好品，そして闇金への支払などです。これらの課題は，法の改正にあわせ，店舗のPOSと組み合わせ，決済プログラムをマネジメントすることで保護費の支給と支出を管理することが可能です。

▶米国のEBT（Electronic Benefit Transfer）カード

　米国には低所得者向けの食料支援プログラム「EBTカード」が発行されています。もともとはフードクーポン（食料キップ）でしたが，業務の効率向上と転売を防ぐためにプリペイドカード化されました。「現金給付は犯罪を誘発する」との考え方（ドラッグ，銃購入の禁止）がベースとなっています。

　発行対象は低所得者層（おおむね世帯年収2万ドル以下）を対象に1人月100ドル相当額を交付します。連邦政府のプログラムで，実務は州政府です。

　受給資格などには差があり，州単位で運用されています。スーパーマーケットなどで野菜や飲み物，パンといった調理前の食品に利用できます。

　米国農務省（United States Department of Agriculture）が管轄している「栄養補助支援制度」SNAP＝Supplemental Nutrition Assistance Programが基礎となっています。

　EBTカードの番号は4もしくは5から始まる16桁の番号体系を持ちます。

　EBTカードの磁気ストライプの仕様やそのフォーマットは，国際ブランド決済カードに準じていますので，既存インフラが使えます。

EBTカードのもとになった，低所得者向けのフードクーポン

サウスカロライナ州発行のEBTカード

EBTカードは既存決済インフラをそのまま利用できます

21 決済プログラムマネジメント（3）決済コントロールカード

　決済プログラムマネジメントによって，カードの使い勝手が大幅に変化します。いままで決済カードの決済金額上限は，クレジットカードは利用限度額，デビットカードは口座残高，プリペイドカードはチャージ金額までとなっていましたが，**カードごとに詳細に利用状況をコントロール**できるようになるからです。

▶**個人カード**

　安心・安全なショッピング管理ができるようになります。本人カード，家族カード，子供カードごとに利用限度を設定できるなど，決済コントロールが可能です。

- 子供カードの夜間取引やネット決済をブロック
- 家族カードの月々，1日の利用限度額を設定
- 限度額上限に近づいたら通知

▶**法人カード**

　わが国では未開拓の法人カードの種類には，クレジットカード，法人口座に連動したデビット，企業が発行するプリペイドカードがあります。

　従業員が持つ法人カードごとの支出管理が可能です。

- 企業の休日や土曜日，日曜日の購買行為をブロック
- 特定加盟店での購買時に通知を発行企業宛に送る
- ネット上での利用をブロック
- 提携法人カードでは，取引先ごとに特定のカード番号を設定し，管理
- 特定国での取引をブロック
- 役職別に取引上限額を設定

などのコントロールが可能です。

カードごとに利用をコントロール

個人カード，法人カードのコントロール

| 消費者 | 安心・安全な
ショッピングと
支出管理 | 本人カード，家族カード，子供カード
・子供カードの夜間取引をブロック
・家族カードの月々の利用限度額を設定
・限度額上限に近づいたら通知 |

| 中小企業 | 高い機動性
従業員支出管理 | 法人カード
・土日の購買行為をブロック
・特定加盟店での購買時に通知
・ネット上での利用をブロック |

| 大企業 | 効率よく
透明性の高い
購買管理 | 法人カード
・提携法人カードでは，取引先ごとに特定のカード番号を設定し，管理
・特定国での取引をブロック
・役職別に取引上限額を設定 |

第5章　FinTechのテクノロジーキーワードとカードビジネス

22 ウェアラブルデバイスと生体通信

　ここ数年間のFinTechの特徴は，カード決済から新しいデバイス決済に移行しはじめたことです。きっかけは，モバイルデバイスを使った非接触IC決済のグローバルスタンダードであるMasterCardコンタクトレスやVisa payWaveの普及です。
　この非接触規格はもともとカード用に開発されたのですが，非接触はカードである必要がないことから，カードからモバイルデバイスへ，そしてウェアラブルデバイスへと拡大してきました。
　また，人体そのものを使って通信を成立させる生体通信も実用間近です。

▶眼鏡，腕時計，指輪，人体埋込，スマートコンタクトレンズ

　各デバイスは，眼鏡型のように単独で機能するものと，モバイルデバイスの端末として機能するものがあります。
　主機能はモバイルデバイス側で行い，非接触決済端末との通信をウェアラブルデバイス側で受け持ちます。

▶非接触通信規格

　非接触ICチップのNFCには，国際規格としてNFC Type A，Type B，Type Fの3種類があります。このうちType Fは国内モデルに搭載されるFeliCaであり，グローバルモデルでは一般的にType A/Bの2種類です。国内の携帯電話キャリアが販売するAndroidスマートフォンでは，NFC A/B/Fの3種類を搭載するモデルがあります。
　iPhone 7とiPhone 7 Plusから，Type Fが搭載され，ApplePayもFelica基盤の決済サービスに対応できるようになりました。
　ただし，厳密にはiPhone 7の日本仕様がFeliCa基盤に対応しただけですから，海外iPhoneユーザーは日本のiDやQUICPayを利用できず，Suica対応改札を通れるわけではありません。
　日本国内のVisa payWave，MasterCardコンタクトレスに対応した加盟

ウェアラブルデバイス決済

Type F「Suica」とiPhone

店の充実が必要です。

　これからは，日本仕様のiPhone 7を海外のVisa payWaveやMasterCardコンタクトレス基盤に対応させる国内イシュアの対応が必要です。

23 仮想通貨

　仮想通貨とはインターネット上のコミュニティで価値交換ができる貨幣価値です。ビットコイン（Bitcoin）を代表として，リップル（Ripple），ライトコイン（Litecoin），ドージコイン（Dogecoin）など**多くの種類**が存在します。
　FinTechでも注目を集めている仮想通貨は，わが国においてどのように普及していくのでしょうか？

▶仮想通貨

　世界では，Bitcoinを中心に多数の仮想通貨が誕生しています。仮想通貨は「資金決済法」で初めて定義されました。
　わが国の仮想通貨の認識は「買い物をすることができる権利を購入することができるモノ」であり，「プリペイドカード」と同じ扱いです。また，キャピタルゲイン[※1]には課税されます。

▶ビットコインの抱えるリスク

　仮想通貨の代表であるビットコインは，コンピュータの単純計算により採掘（暗号計算を解くことによってもたらされる。マイニングともいう）されます。採掘する高速コンピュータの特性として大量の電力を必要とします。
　つまり，電気料金というコストを支払って得られる成果がビットコインですから，世界でも電気料金が低い中国で大量に採掘されています。また，ビットコインの通貨への交換の7割以上が中国元といわれています。
　したがって，世界で広範に使用されるドルやユーロ，円と異なり特有のカントリーリスクが存在するといってもよいでしょう。

仮想通貨ビットコイン

ビットコインの採掘と通貨への交換には課題がある

 用語解説

1 キャピタルゲイン（capital gain）…資産価値の上昇による利益。

24 ブロックチェーン

仮想通貨Bitcoinを構成する**要素技術**がブロックチェーンです。

多くのノード（コンピュータなどのデバイス）に同一の記録を同期させる分散型台帳といえるでしょう。

改竄や誤登録などによりノード上の記録に差異が生じた場合，ノードの多数決によって正統な記録を決定し，記録の同期を確保するしくみです。

したがって，改竄にはすべてのノードを一斉にハッキングすることが必要ですから，大規模なブロックチェーンの改竄は困難といわれています。

▶為替裏書きに近い構造

取引の経緯は「為替裏書き」のように，既存の記録（ブロック）に新しい記録を追加する形で進みます。取引記録はブロック単位でチェーン状に追加していくことから，ブロックチェーンと呼ばれています。

為替手形には所有者譲渡記録が追記されていますが，Bitcoinのブロックチェーンには，ワレットの口座番号だけで所有者は記録されず匿名であることが特徴です。

既存のデジタル有価証券などのシステムを，記録が残るブロックチェーンのシステムに代替することにより，システム運用費用が削減されるといわれています。トランザクションのセキュリティを保つテクノロジーです。

▶51%攻撃

ブロックチェーンは，参加するネットワークの中で1ヶ所のデータを変更しても他のデータを同時に変更しない限り，改変データは「正」として認識されません。

しかし理論上，はるかに処理速度が速いコンピュータであれば他のデータを改変できる可能性があります（51%攻撃）。

この問題はクローズされたシステムでも同様ですから，注意が必要です。

ブロックチェーンはトランザクション セキュリティ テクノロジー

ブロックチェーンの構造はPKI暗号と認証の連続

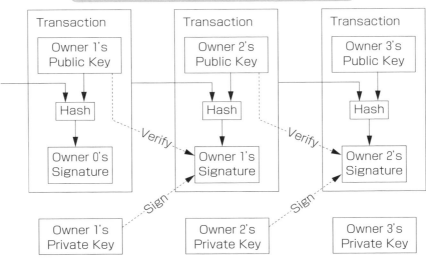

（出典：「Bitcoin: A Peer-to-Peer Electronic Cash System」より）

25 SNS (Social Networking Service) とクレジット

　SNSとは，Facebook，Twitterに代表されるデジタルコミュニティサービスです。過去の発言や他人とのつながりが把握できるのが特徴です。
　SNSは，日本ではmixi，LINE，世界ではFacebook，Google+，LinkedInなどがあり，それぞれ2003年から2011年にかけて登場しています。
　それぞれ，自分の日常が投稿され，社会との関係性もわかることからSNSの投稿内容をクレジットの審査に利用するFinTech企業が現れてきました。
　SNSの中で審査に利用されることが多いのが**Facebook**と**Twitter**です。

▶FacebookとTwitterの特徴

　「実名性の高い」ネットワークで，「弱い絆」をターゲットとしているのが，Facebookです。あらゆる機能を包含した全方位型SNSであることが特徴です。
　このタイプのSNSはすべてのサービスの基盤となるため，激しいシェア競争があります。
　その中でも，Facebookは世界でもっとも加入者が多い実名性のSNSです。
　Twitterは匿名性が高く，Facebookの弱い絆の外側，めぐり会いから始まる「一時的でゆるい絆」が特徴です。お互いの許可なく自由にフォローしあえる関係でサークルが構築されます。Twitterワールド内に多様なグループが共存するのも特徴です。

▶SNS審査の実際

　審査の際に，審査する側のダミーアカウントを登録します。
　クレジット申込者のSNS内容を精査し，投稿期間とフォロー数，友達の数，「いいね」の種類と数，そして，投稿内容をポジティブとネガティブに分類し，その比率を見ます。また，友人の投稿内容も数値化します。

各SNSの歴史

	2003年	2004年	2005年	2006年	2007年	2008年	2009年	2010年	2011年	2012年
●LinkedIn										
		●Facebook								
		●mixi								
				●Twitter						
								●LINE		
								●Google+		

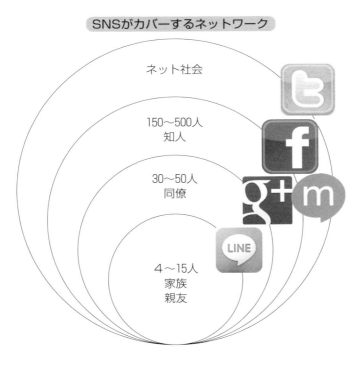

SNSがカバーするネットワーク

- ネット社会
- 150〜500人 知人
- 30〜50人 同僚
- 4〜15人 家族 親友

第6章

サービス分野と FinTechカンパニー

Fintech企業とサービスのカテゴリーは，ペイメント，レンディング，バンキング，セキュリティ，マーケティングなどに分けられますが，それぞれを包含する場合もあります。

また，スタートアップ後に吸収，合併，事業内容の変化，さらには破綻する場合もあります。なお，掲載している各社とそのサービスは執筆時点のものです。

凡例

企業名（サービス名）

"キャッチコピー"

解説：サービス概要と関連解説を述べます。
※執筆時に表示されていた該当サービスのURLをQRコード化しました。
　ベンチャー企業の変化は激しく，ビジネス領域やURLも短期で変更されがちです。
　本文とURLの内容が異なる場合があります。あらかじめご了承ください。

第6章　サービス分野とFinTechカンパニー

■ペイメント■

カード媒体やモバイルなど，「ペイメント」に関するカテゴリーです。

Plastc

"先進的なカード型モバイルワレット"

「すべてをPlastc上に」「貴方の決済に知性を」がキャッチコピーのカード型モバイルワレット。

SWYPやSTRATOS，COINなど，同様の製品がありますが，Plastcは接触用IC端子と非接触決済用NFCアンテナを内蔵し，券面には大きな**液晶面**を持つのが特徴です。液晶にはカード番号全桁とCVV，アクセプタンスマーク，そして暗証用のキーボードを切り替えて表示することが可能です。

磁気テープ決済だけではなく，バーコードや接触IC，非接触IC決済を目指しています。

リリース当初，接触ICと非接触ICの機能は搭載されませんが，今後の機能拡張が告知されています。

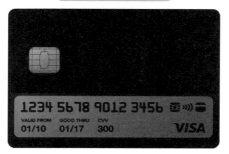

Plastcのイメージ

Number26

"モバイルバンキングを中小金融機関に提供"

ドイツのモバイルに特化した**モバイルバンキング支援**ソリューション。EUの決済サービス企業であるワイヤーカード子会社。

中小金融機関を顧客としてソリューション提供。ソリューションを導入した金融機関にはメール送金や決済サービスを提供しています。口座を開設した顧客にはPFM（Personal Financial Management＝個人口座管理機能）が提供されます。さらにIC取引専用のMasterCard（クリアカード[※1]）が発行されます。

Ondot Systems

"補助金をプリペイドカードで支給"

カード発行会社にモバイルと連携した決済プログラムのマネジメント機能を提供。主な機能は，以下のとおりです。

- カードごとに利用限度額や利用できる加盟店，曜日，時間を設定できる「CardControl」
- 利用限度額などの制限を超える段階で通知する「CardAlerts」
- カード所持者がコントロールすることも可能な「Self Service」
- 全体を管理し表示する「mConsole」
- 不正使用を検知する「Fraud Watch」

両親が子供に持たせ，決済教育をする「お小遣いカード（米国：Prepaid Student Card）」や，生活支援用や福祉目的で，**行政機関が発行する補助金**プリペイドカードなどに応用できるでしょう。

用語解説

1 **クリアカード**…透明なプラスチック素材でできた光を透過するカード。通常ATMはカード入り口の光センサーでカードの挿入を判断するので，クリアカードには反応しない。

第6章　サービス分野とFinTechカンパニー

Prairie Cloudware

"先進の決済メディアをクラウドで"

　カード発行企業に決済プログラムをクラウドベースで提供し，カードやモバイルなどの**決済メディア対応を一元化**。

　最新の決済スキームに対応しています。導入企業は自社で開発するより，コストと時間を削減できます。たとえば，トークナイゼーションの早期導入や，モバイル，タブレット，ウェアラブル端末などへの対応が早期に可能です。

　メディアとして，磁気，IC，コンタクトレスNFC，Bluetooth，バーコードなど広範なインターフェイスに対応しています。

Empyr

"Ｏ２ＯでCLOプロモーションを実現する"

　Ｏ２Ｏ（Online to Offline）ネット上（オンライン）から，実地（オフライン）での消費行動へと促すプロモーション施策や，オンラインでのコンタクト情報を使用してオフラインでの購買行動に影響を与えるような施策を実現。**CLO**（Card Linked Offer）の一種を提供します。

（1）　オフライン小売店舗や広告主がオファー（特典）を掲載します。
（2）　広告の対象者（消費者）が特定地点近くに来た時，あるいは検索エンジンで検索した時に特典がモバイルやウェブサイトに表示されます。
（3）　消費者は表示されたサイトに使用する決済カード番号を入力します。
（4）　消費者は店舗を利用し，特典を得ます。

CardSPRING

"CLOをデビットカードで実現する"

　カードの利用情報の位置情報(ジオフェンシング)とデジタルやアナログの**クーポンを連携**。

　インセンティブ(現金割引,ポイント付与など)をカード利用者に提供するしくみをCLO(Card Linked Offer)といいます。

　現在,CardSPRINGはTwitter傘下であり,このサービスをクラウドで提供します。

　通常クレジットカードは,1ヶ月分の売上データにクーポンを適用しますが,リアルタイムで口座から決済されるデビットカードではクーポンの適用が困難でした。CardSPRINGのソリューションはデビットカードでもクーポンの適用が可能です。

　メールやGPSで加盟店にチェックインし,既存の決済端末を利用してクーポンを適用します。特定の端末や従業員教育を必要としません。

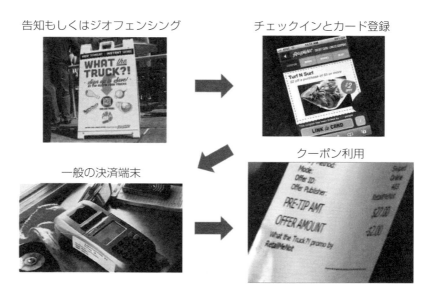

第6章　サービス分野とFinTechカンパニー

 ## Chip Shield

"パソコン外付けEMV ICカードリーダーライター"

　パソコンやモバイルデバイスに接続する接触ICカード用リーダーライター。

　デバイスの価格は20ドルです。

　オンライン決済時，カード情報入力の際にICカードを**パソコンに接続**したChip Shieldデバイスに挿入して決済を行います。

　現在，オンラインショッピングによる非対面取引では不正使用が増加しています。カード業界では，オンラインショッピングでの不正使用を防止するために，CVVの入力や3Dsecureを推進しています。Chip Shieldはデバイス側で決済情報を暗号化し，カード発行企業側で復号するしくみです。

　トークナイゼーションなどの新たな不正防止技術が開発されていますが，ICカードをそのまま使用するChip Shieldも注目すべきテクノロジーでしょう。

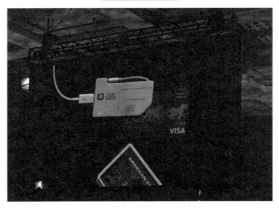

（Finovate2016から）

SWITCH

"これは便利，カード紛失後のカード再登録が不要"

複数のオンラインアカウントに設定する決済用カードの管理ソリューション。

たとえば，iTunes，Amazon，楽天市場，通信費，保険，光熱費などに決済用カード番号を登録し，利用のつど，あるいは毎月の利用額決済が繰り返される循環性決済をリカーリング（Reccuring）と呼びます。

決済用のカードには，いわゆる「メインカード」が登録されます。

しかし，メインカードが**盗難や紛失**に遭い，新しいカード番号に切り替わった場合，すべてのオンラインアカウントに新しい番号を再登録する必要があります。

再登録には，アカウントごとに異なったIDやパスワードが必要であり，煩雑な手続きが必要です。

SWITCHにメインカードを登録すれば，オンラインアカウントごとに異なる決済カード子番号（トークン）が発行，登録されます。

したがって，メインカードを変更する際にはSWITCHに登録したカードだけを変更すればオンラインアカウントに登録した子番号を個別に変更する必要がありません。

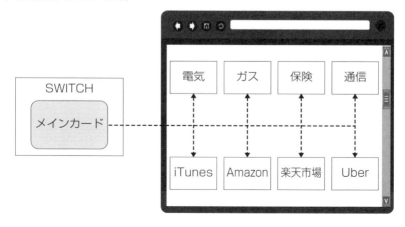

第6章 サービス分野とFinTechカンパニー

 ## Curve

"1枚のCurve MasterCardに他のカードを集約"

　Curve MasterCardそのものには決済機能がなく，他のカードを登録して，登録したカードから決済を行う「**代理**」カードです。

　モバイルからカメラで他の決済カードを撮影し，OCRでカード情報を登録します。

　カードは複数枚登録できます。

　Curve MasterCardの使用時には，登録した1枚のカードを指定します。

　Curve MasterCardを使用すると，指定したカードから決済されます。

　Curve MasterCardには，接触IC，非接触IC決済機能があります。

Traxpay

"法人間決済をクラウドで効率化する"

　法人向けパーチェシング（**調達**）**支援**ソリューション。

　ドイツのＢ２Ｂ決済代行サービスで，電子決済手数料を低減するクラウドサービス。

　特徴としては，購買要求の受付，台帳確認，発注，検収，請求，支払など送金状況を電子化，可視化します。

　わが国では，法人間の決済は，請求書発送，末日締めの翌月末払いや手形が主流となっています。

　また，国境を越えるクラウドサービスなどの新しいビジネス決済は，国際ブランドのコーポレート（法人）カードによるオンライン決済に移行しています。

　わが国でも将来，同様の決済サービスが受け入れられる可能性があります。

第6章　サービス分野とFinTechカンパニー

TRANSCARD PAYMENTS

"給与をプリペイドカード払い"

　SaaSベースの**給与支払プリペイドカード管理プラットフォーム**[※1]。

　海外では，現金による煩雑な給与支払業務をプリペイドカードチャージに置き換え，キャッシュハンドリングコストを削減する動きがあります。

　TRANSCARD PAYMENTSはこのプリペイドカードによる給与支払スキームをクラウドベースで提供します。

　わが国では，労働基準法第24条で賃金の直接払いが定められていますので，原則は通貨（現金）で労働者本人に直接手渡さなければなりません。プリペイドカードなどによる現金以外での支給は，労働協約等によって別段の定めがあれば認められる可能性があります。

Bento

"中小企業の経費支払いを法人カードで効率化する"

中小企業の経費支払いを国際ブランドプリペイドカードで合理化するサービス。

MasterCardと提携し,従業員向けに**経費決済用**のプリペイドカードを発行しています。

この法人プリペイドカードは,発行対象ごとに決済額,決済可能な加盟店,および項目をあらかじめ設定できます。

法人プリペイドカードで従業員が経費決済を行うことで,決済金額や加盟店,決済費目などが自動的に管理されます。

経費決済はクラウドで自動的に管理でき,経費管理が効率化できます。

また,従業員による不正な経費処理を防止できます。

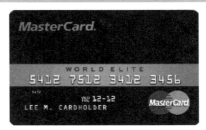

法人プリペイドカードで経費管理を効率化

 用語解説

1 プラットフォーム (platform)…特定のソフトウェアやハードウェアを動作させる基盤。ハードウェアやオペレーションシステム機器をコントロールするミドルウェアなど。組み合わせや設定,環境を示す場合もある。

第6章 サービス分野とFinTechカンパニー

 ## RatePay

"ネットショップでもカードを使わずに請求書払いや分割払い決済ができます"

　ネットショップ対象の**売掛管理支援**サービス。

　わが国同様，現金決済が多いドイツのオンラインショッピングでは，請求書を送付して決済を依頼する方法（Invoice Payment）が頻繁に使用されています。

　ただし，オンラインショップでは商品送付後の請求決済は未回収のリスクがあります。RatePayの採用で未回収リスクがなくなります。

　RatePayでは請求決済のほか，分割払いや口座振替などの決済サービスも提供しています。

■レンディング（融資）■

この項では，クレジットやローンなど，与信に関連するソリューションを取り上げます。

 AvantCredit

"オンラインで簡単融資"

英国のマーケット特化型融資ソリューション。

資金需要者の氏名，アドレス，収入情報などで融資条件が提示されます。

原則，当日融資が可能です。特徴は申し込みだけではクレジットスコアには反映されません。**契約は電子署名で**融資実行。利率は個人により異なります。

その他の手数料はなく，繰上返済手数料も無料です。

ただし，英国には上限金利規制が存在せず，30％以上の高金利です。

 borro

"インターネットで質屋"

英国のネット特化型，**有担保融資**。

富裕層をターゲットとする「インターネット質屋」。リーマンショック以降に成長しました。

「質草」は高級時計，宝飾品，絵画，骨董を対象とします。査定は宅配便での送付，店舗への来店，出張査定です。

質査定額の70％枠内で短期，長期融資を実行します。担保を販売した場合には差額を返済に充当して調整します。融資手数料は数パーセント，担保販売時の販売手数料は15％から20％です。

第6章 サービス分野とFinTechカンパニー

 blend

"住宅ローンをクラウドで簡単に"

　モーゲージローン（住宅ローン）向けソリューションをクラウドベースで提供。

　金融機関などの融資企業にオンラインですべてが完結する住宅ローンソリューションを提供します。

　住宅ローン融資には**多くの書類**が必要で，申し込みから審査，融資実行まで数週間必要とされます。

　煩雑な住宅ローンの手続きを，モバイルやタブレット，パソコンなどのデジタルデバイスを活用し，オンライン上で数分で完結するしくみを提供します。

　税務申告や金融機関の明細データを取得し，オンライン上にあるビッグデータを使用してリスクを解析する独自のソフトを持っています。

CUneXus

"位置情報をローン審査に活用する"

　位置情報を活用したモバイル消費者金融プロモーション，および**事前審査**契約締結システム。

　金融機関にシステムを提供し，個々の消費者別に融資可能額を算出します。

　消費者のいる場所，時間，ウェブサイトの閲覧履歴から各種ローンのプロモーションを行うことが特徴です。

　位置情報サービスと，与信情報を組み合わせることにより，車の販売店に入店した際に，ローンの実行金額と返済条件を呈示し，消費者がどの値段までの車を買うことができるのかをウェブサイト上でプッシュ通知することができます。

　また，契約締結ツールをモバイル上で提供できることから，契約行為も簡素化できます。

第6章　サービス分野とFinTechカンパニー

Finova Financial

"あなたのクルマで融資します"

　自家用車を担保とした**緊急融資**サービス。

　名前，電話番号，E-Mailアドレス，車種を入力するだけで融資条件の提案を受けることができます。

　金利は30%（75ドルの登録手数料，25ドルのクレジット調査費，25ドルの初期費用，契約文書の印紙税などを含む）。最長返済期間は12ヶ月。このローンを返済すれば信用履歴が向上します。

　（日本の上限金利は100万円以上は15%です。）

Kreditech

"低与信者をビッグデータで再審査する"

ドイツに本社を置く，銀行口座を持てない層や**低与信者向け**金融サービス。

ビッグデータを利用した審査が特徴です。ドイツをはじめ，ポーランド，スペイン，メキシコ，チェコおよびロシアと新興国を中心に融資業務を展開しています。

銀行明細，携帯電話利用歴，インターネットの閲覧履歴，SNSの投稿内容や友人関係，通販取引をはじめ，公共データなど20,000を超える変数をもとに融資審査を行います。

これらの審査はシステムで実行，35秒程度で要約されたメタデータを算出します。

これらのメタデータは，数百に分類された後に最終審査が行われます。却下率は85%。融資金利は高金利です。

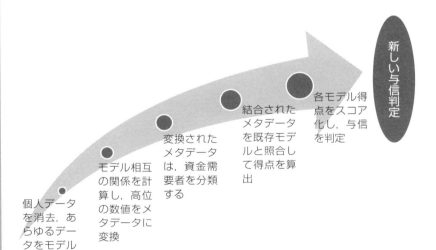

第6章　サービス分野とFinTechカンパニー

 LendUp

"低与信者への金融教育と救済融資"

　低与信者を対象に，新しい金融サービスを提供。

　具体的には，クレジットスコアが低い人に対して，最大250ドルまでの融資が可能です。

　特徴は，金融教育（＝onboarding：オンボーディング）などを通して，債務者の金融知識と信用度を向上させ，**社会復帰**させることを目標とした，社会的弱者の救済も目指しています。

　利用者は，まず，LendUpのウェブサイトでローンの金額と返済期間を指定します。申し込みにはFacebookアカウントなどの詳細な個人情報が必要です。

　金利は手数料込みで15％，返済期間は最大30日です。期日前の返済には特典があります。

　審査はLendUp独自のアルゴリズム[※1]を使用します。

　申込者のFacebookページを解析し，日常生活の投稿内容，「いいね！」の数，友達の数やその関係，投稿された＋の単語（いいね，すばらしい，やってみよう，など）と－の単語（困った，つまらない，やめた，など）の出現回数を信用度算定に使用します。審査は即時，5分以内に可否が通知されます。

　ローンが承認されると，利用者の口座に入金され，返済も銀行口座から契約に応じて決済されます。

金融教育を実施

Moven

"ユーザーフレンドリーな金融サービスを実現"

顧客と銀行の間に立って,顧客サービスを向上する「**銀行代理業**」。

一般的に,他社との差別化がしにくいのが銀行業であり,コア部分には莫大なシステム投資やセキュリティ,コンプライアンス[※2]が求められます。

Movenは,サービスを工夫することが他社との差別化につながるため,銀行としてのコアな機能は提携銀行に任せ,顧客と接するフロント業務をデジタル化し,徹底的に利用者目線で提供するビジネスモデルです。送金や現金引出しなどは手数料なし。ただし,一般の銀行では預金額以上の支払いはできません。

取引状況はモバイルでリアルタイムに確認できます。複数の銀行の利用状況の管理分析も可能な家計管理ができます。

また,MasterCardコンタクトレスに対応するタグが付与されるので非接触決済ができるのが特徴です。

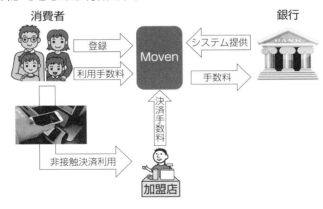

 用語解説

1 アルゴリズム(algorithm)…コンピューティングや数学で,問題を解くための手順を定式化した形で表現したものをいう。「算法」。
2 コンプライアンス(regulatory compliance)…企業統治(コーポレートガバナンス)の基本原理の1つ。企業が法律や内規などの基本的なルールに従って活動すること,またはそうした概念。

TrueAccord

"債権回収もテクノロジーで効率化"

　最新テクノロジーを駆使した**自動債権管理**プラットフォームを提供する，債権回収関連のソリューションビジネス。

　提供先企業の債権管理[※1]状況を一括把握できる機能を持っています。

　導入企業がウェブサイトで自社債権に関する情報を入力すると，債権状況に関して独自の分析を行い，債務者の債務状況に応じて，最適な回収プランを提示します。

　また，E-mail，SMS，架電[※2]などのコミュニケーション手段を選択します。

　具体的にはビッグデータで取得した情報から，債務者の行動特性を分析して，債務者に最適なアプローチでコンタクトします。

　現在の支払状況から督促[※3]形態を自動化します。

　債務者にはオプションで，支払に至る家計管理も呈示されます。

　債務者には，個別に多種類の返済プランを呈示します。未成立の場合，請求期間を変更するなど，行動分析から導出されたアプローチ方法で債権回収を行います。

　再契約が合意された場合，繰延債権[※4]の再契約などを自動化します。

Prosper Marketplace

"借換えローンをクラウドで"

少数の資金需要者に多数の供給者を組み合わせる，バンクビジネスの個人版ともいえるビジネスモデル。

資金需要者は3,000〜35,000ドル，ただし供給者は25ドルが上限。

資金需要者が用途と個人情報を入力すると利率が呈示される。

利率は5.99%〜36.0%で翌日に指定の銀行口座に入金される。

返済期間は3年から5年。早期返済の特約なし。

資金需要者の用途として，おまとめローン，軍人ローン，グリーンリフォームローン，友人紹介ローン，育児ローン，記念日ローンなど多彩な目的別ローンが提供されています。

用語解説

1 **債権管理**…貸付金，融資金，販売代金の回収リスクをコントロールするための業務。
2 **架電**…電話を掛けること。
3 **督促**…債権の支払を要求する行為。
4 **繰延債権**…期日に返済されなかった債権の支払期日を後日に延期すること。

第6章　サービス分野とFinTechカンパニー

 ## Upstart

"教育履歴をクレジットスコアに反映"

　低与信者向けローン，従来のクレジットスコアに**学歴**，**研究分野**，職歴を考慮して与信します。

　審査時間は約2分と短時間です。

　1,000ドルから50,000ドルの融資。4.66%から29.99%の利率。早期返済手数料はありません。

 ## ZOPA

"逆オークション方式の個人間融資"

　資金需要者が供給者を選択できる個人間融資サービス。少数の資金需要者に多数の供給者が入札する**オークション形式**が特徴です。

　Zopaは資金需要者を3段階程度にレート付けします。供給者は資金需要者に付与されたレートを見て，金額や期間を呈示します。資金需要者が供給者を選択します。

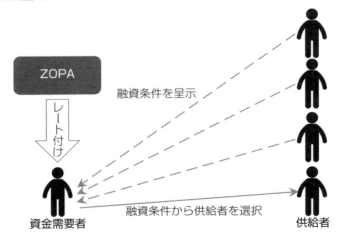

Student Loan Genius

"奨学金ローン債務者向け"

　学生ローン債務従業員を抱える企業向けに提供される，従業員支援金融サービス。

　企業の信用で**学生ローンの返済**を再計算します。

　給与天引きで確実な回収が見込めます。確定拠出年金との接続も可能です。

　企業は優秀な社員の固定化が図れます。企業の信用力を債務に反映することでリスクを低減し，金利の低減を実現します。

第6章 サービス分野とFinTechカンパニー

■セキュリティと効率化■

この項では，カードビジネスや決済に関連したセキュリティと効率化を支援するサービスを取り上げます。

 BioCatch

"ユーザーの行動を認証データに変換"

イスラエルの生体「行動」認証技術をAPIで提供します。

オンライン決済時，行動バイオメトリクス（生物個体が持つ特性）を認証に用いてリスクを検出します。

ユーザーがマウス，キーボード，モバイル機器のタッチパネル，加速度センサーなど，デバイスをどのように操作しているかを詳細にデータ化することで，ユーザープロフィールを効率的に生成します。

また，ウェブサイト上の遷移など「**振る舞い**」からも認証データを収集します。

たとえば，
- 自社サイトにどこから来て，どのサイトへ遷移（移動）するのか？
- 長時間滞留するサイトはどのページか？
- 契約行為の際には「約款（契約内容）」を読んでいるか？
- 必読することが指定されている参照ページに遷移しているか？

など，滞留時間と遷移を数値化します。また，ページへの反応時間も見ます。IPアドレスや経由ネットワークもデータ化します。

使用しているハードウェア，ソフトウェアも解析します。

そして各種の設定条件も分析します。

悪意を持ってコンピュータ処理を妨害するハッカーの行動パターンを解析しプロファイル化することで，ハッカーを特定することも可能です。

NuData Security

"多要素バイオメトリクス認証"

　BioCatchと同様の認証を用いるのがNuData Securityです。

　デバイスの動きや，キー入力，ポインタ（画面を指定）移動などの動体認証に加え，位置情報をオンラインで継続的に収集することで認証を行います。

 ## DigiByte

"ブロックチェーンを使った送金決済サービス"

　本人確認と本人認証を使ったサービス。

　コントロールされた安全性の高い仮想通貨を使用するサービス。

　Bitcoinと異なるのは，**実名性**であることです。

　AML（Anti-Money Laundering＝マネーロンダリング対応）/KYC（Know Your Customer＝顧客管理）が特徴です。

　現状では，ゲームアプリの決済用仮想通貨です。

第6章　サービス分野とFinTechカンパニー

 BanQu

"ブロックチェーンを用いた新興国，難民向け個人認証"

　新興国や**難民**など個人が明確なIDを持たないエリアで，人の登録と管理，認証を実現。

　パソコン，モバイルなどすべてのメディアで個人認証を実現。網膜スキャンなどの生体認証で本人特定が可能。認証データと取引データ，ジオタグをブロックチェーン化して保持し，新興国や難民の国際的な救済や彼らの商取引履歴を保持し安全性を担保します。

　フューチャーフォン（携帯電話）から最新のモバイルまで多種類のデバイスで稼働。多言語に対応し翻訳，カスタマイズが容易です。

Civic

"ネット巡回型　個人情報不正利用監視サービス"

　個人情報を登録すると，該当個人情報の漏洩などの**不正使用を監視**し，通知するサービス。

　ネットワークを巡回し，リアルタイムでユーザーに不正被害の兆候を通知します。もし，クレジットカード情報も含めたユーザーの個人情報が不正アクセスに使用されている場合，ユーザーに通知すると同時に不正行為を識別します。

　もし，個人情報詐欺に遭った場合，弁護士や専門家による被害回復費用として100万ドルの損害保険が付保されます。24時間365日のサポート体制です。

第6章 サービス分野とFinTechカンパニー

 ## OneVisage

"モバイル3D顔認証サービス"

モバイルに搭載されたカメラを使用する3D顔認証アプリです。

モバイルカメラを用いて3D撮影を行い，**3Dイメージ**を構築します。イメージはサーバーに登録し，認証が必要な時には再撮影し，サーバーと照合します。

クライアント（FIDO= Fast IDentity Online, UAF= Universal Authentication Framework）デバイスを用いてパスワードを使わずに行う認証や，ハードウェア機器にとらわれないサーバー認証モードもあります。

精度の高い認証が必要な場合に有効ですが，カメラの精度や撮影される環境にも左右されます。

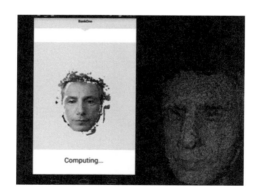

Cyberfend

"Web,モバイル向けBot検出セキュリティ"

漏洩した資格情報(ログインID+パスワードや決済用カード情報)の不正使用を監視。

従来のセキュリティ対策(CAPTCHA[※1],デバイス識別,ブラウザの識別,IPトラッキング,ネットワークログ解析)とは異なる,**Bot**[※2]**検出型**セキュリティです。

プラットフォーム,デバイス,システムを選ばないのが特徴。

リアルタイム検出機能を内蔵。ハッカーが使用するスクリプト[※3]解析,マルウェア[※4]解析,中間者攻撃[※5],リモートアクセス[※6]やトロイの木馬[※7]をリアルタイムで検出します。

 用語解説

1. CAPTCHA (Completely Automated Public Turing test to tell Computers and Humans Apart:キャプチャ)…歪んだ文字や数字が埋め込まれた画像を表示して,何が書かれているかを入力させる方式。
2. Bot(ボット)…自動で特定の動作をするプログラムの総称。ロボットの略語。
3. スクリプト(script)…特定の処理を完了するために必要な手順を記述したもの。
4. マルウェア(Malware)…動作妨害や機密漏洩など,不正で有害な動作を行う目的で作成された悪意のあるプログラム記述。
5. 中間者攻撃…通信者同士の間に第三者が勝手に割り込み盗聴するなどのタイプの攻撃。
6. リモートアクセス…通信回線を通して,遠隔地にあるコンピュータやデバイスに接続すること。
7. トロイの木馬…不正にコンピュータへ侵入し,データ消去やファイルの外部流出,コンピュータを乗っ取って他への攻撃などの破壊活動を行うプログラム。

第6章　サービス分野とFinTechカンパニー

 ## SEKUR.me

"モバイルとバーコードを使った認証"

　モバイルとバーコードを活用した**認証API**サービス。

　ApplePayによる支払にも対応しています。

　SEKUR.meに会員登録したユーザーは，モバイルにアプリをダウンロードします。

　SEKUR.meのAPIサービスを利用する事業者には，ウェブサイトへのログイン機能と決済機能が提供されます。

(1)　事業者サイトへのログイン認証機能

　サイトのログイン画面にSEKUR.meのバナーが表示されます。IDやパスワードは不要です。

　バナーをクリックするとサイト画面にSEKUR.me認証バーコードが表示されます。

　ユーザーはモバイル上のSEKUR.meアプリでカメラを立ち上げ，SEKUR.me認証バーコードをスキャンします。

　モバイル上のSEKUR.meアプリとウェブサイトとが連携し，ログインが完了します。

(2)　事業者サイトでの決済機能

　サイトのショッピング**精算画面**にSEKUR.meのバナーが表示されます。カード番号入力やパスワードは不要です。

　バナーをクリックするとサイト画面にSEKUR.me精算バーコードが表示されます。

　ユーザーはモバイル上のSEKUR.meアプリでカメラを立ち上げ，SEKUR.me精算バーコードをスキャンします。

　モバイル上のSEKUR.meアプリとウェブサイトとが連携し，精算が完了します。

　その他，請求書からの支払機能や会員登録機能もあります。

事業者サイトのバナーをクリックすると表示される認証画面(イメージ)

 VIX Verify

"SaaS型統合個人認証と本人確認"

　モバイルを使用し，顔や声紋などのバイオメトリクス認証や，本人確認**書類の撮影**とデジタル化など，複数の手段で個人情報の登録を行い，共通IDであるgreenID™を生成します。

　greenID™は，SaaS型で提供されるプラットフォーム型のサービスです。ユーザーが使用するデバイスのすべて，モバイル，キオスク，POS端末，コールセンターやバックオフィスシステムに実装することができます。

第6章　サービス分野とFinTechカンパニー

 # Ephesoft

"モバイル用高精度キャプチャアプリ（1）"

Ephesoft Enterpriseはモバイルカメラを使用する**書類スキャン**アプリです。

スキャン，インデックス付け，OCR（Optical Character Recognition/Reader，光学的文字認識），ICR（Intelligent Character Recognition，手書き文字認識），OMR（Optical Mark Recognition，光学図形認識）と高度なキャプチャ技術を使用して，文書分類およびデータ抽出を行います。

融資などの与信業務には，本人確認書類である身分証明書（運転免許証），名刺，収入証明書などの画像とそれぞれの文書内に保持されたデータを使用します。

住宅ローンの契約などは，多くの重要書類の提出とデータ入力が必要ですが，手作業によるデータ入力は時間がかかり，エラーが発生しやすく，融資事務のコスト要因となっています。

モバイルキャプチャは金融に関わるデータ入力を効率化します。

モバイル画面（左から起動ページ，キャプチャ中，インデックス分類，OCRによるデータ抽出）

Mitek

"モバイル用高精度キャプチャアプリ（２）"

　クレジットカード契約や保険契約，住宅ローンの契約などは多種類の書類が必要です。これらの書類をモバイルのカメラで撮影することによって，契約行為に必要なデータを抽出し，契約書を**自動的に作成**することで，顧客からの初期コンタクトを容易にして契約率を向上します。

　さらに，免許証などに施された偽造防止技術を読み取って真贋判定を行います。

　また，デジタル化したバーコードや文字情報を使用して，モバイルからの入力を自動化します。

Finovateのデモ画面から

Kore

"自然言語処理（NLP）で金融機関の顧客対応を向上"

金融機関ごとに顧客とのコミュニケーション対応を向上するチャットボット（chat bot）を開発し提供しています。

チャットボットのチャットとは，コンピュータネットワークを通じて，リアルタイムに文字ベースの会話を行うコミュニケーション手段です。LINEやFacebookのメッセージアプリなど，実際の会話のように短い文章をリアルタイムにやり取りする点で，大量の情報を一度に交換する電子メールとは異なります。

ボットとは，「ロボット」の略で，本来は人間が文章入力するようにコンピュータで逐次処理していた内容を，人間に代わって自動で連続して実行するプログラムの集合体のことです。

Koreのチャットボットでは，金融機関の既存システムと連携し，対顧客に最適な対応を行います。

具体的には，企業の業務の流れであるワークフローシステムなどの既存システムに接続し，契約処理に必要な書類の提出確認や，未提出書類の催促を行います。

また，企業のスケジュール管理などのグループウェアに接続することで，担当営業マンへの訪問要請や店頭コンサルティングを希望する顧客に，スケジュール情報を参照して顧客と担当者のアポイントメントを予約します。

同様のものとして，Sberbank（ロシア貯蓄銀行）がモバイルバンキングプラットフォーム上で動作するチャットボットサービスを実施しています。送金指図や商品提案とその決済が可能です。

大量の顧客を抱える企業や団体の顧客対応力を向上し，効率化を実現します。

 Sberbank

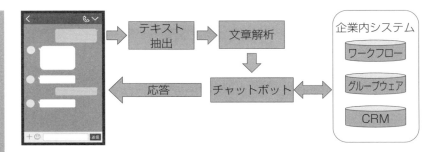

　将来は，顧客の声を自然音声解析し，その内容をAIに連携し，最適応答を数種類の合成音声を選択し顧客対応することになるでしょう。

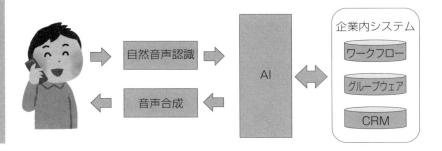

VERA

"配布された書類を追跡，管理するサービス"

あらゆる種類のデータを保護し，配布後の追跡，監査します。地域を越えて，リアルタイムでアクセスしデータを管理します。

管理対象の書類やデータが，送受信ボックス，Dropbox，Googleドライブ，マイクロソフトなどの外部ストレージや自社のストレージなど，どこに存在しても追跡し管理します。

任意のユーザーが管理するデバイスや，クラウドストレージから即座にファイルの**アクセス権を取り消す**ことが可能です。

■マーケティング■

　この項では,カード会社や加盟店のマーケティング活動を支援する企業やサービスを紹介します。
　FinTechにおけるマーケティングの狙いは,オンライン/オフラインのマーケティング予算およびリソースを計画,最適化,配分するためのDMP(Data Management Platform＝データ管理プラットフォーム)の構築にあります。
　なぜなら,マーケティングの基本である「**誰が？**」を明確にするのが決済カードの基本的なテクノロジーだからです。

▶DMPとターゲットマーケティング

　ここでDMPとターゲットマーケティングについて解説しておきましょう。DMPには,「オープンDMP」と「プライベートDMP」の2種類があります。
　「オープンDMP」は,広告関連のアクセスデータやデモグラフィック[※1]データなどを他社に提供するプラットフォームのことを指します。
　「プライベートDMP」は,事業会社がオープンDMPのデータに加え,自社ウェブサイトのアクセスデータや,顧客情報などの自社データも統合して分析する,企業独自のプラットフォームです。
　このプライベートDMPがネット事業者を中心に利用され,カード決済データと合わせ,ターゲットマーケティング活動に変革をもたらしています。
　具体的には,マーケティング活動の結果,得られたデータを収集,統合し,分析,検証の結果を次のマーケティング活動であるインターネット広告に反映します。

■サイトターゲティング

　特定のサイト閲覧に限定して,バナー等の広告を配信する手法です。
　サイトを指定することで,該当サイトの対象ユーザークラスターに適合した広告を表示します。
　サイトターゲットが性別,趣味別,ファッション別,興味対象のニュースな

　用語解説
1　デモグラフィック(demographics)…人口統計学的属性。

どが1つに絞れる場合，ユーザーへの訴求効果が向上します。

■コンテンツターゲティング

　サイトの中身（コンテンツ）の属性に連動した広告配信です。

　サイトの記載内容が複数の属性で構成されている場合に有効です。

　構成するコンテンツを参照するユーザー単位で広告を配信できます。

■リスティング広告

　GoogleやYahoo!などの検索サイトに入力したキーワードをもとに，関連する広告を配信するキーワードターゲティング広告です。

　ユーザーの興味に直結した広告配信が可能です。

■行動ターゲティング

　ユーザーのインターネットサイト巡回履歴をもとに，興味・関心のある広告を配信する手法です。

　行動履歴は主にCookie（ウェブサイトのアクセス履歴，ユーザーの情報（特定のサイト内で入力した情報等）を記録）から取得します。

　行動履歴は複数の事柄で絞り込むことになります。

　したがって，広告表示のターゲットとなる絶対的な対象数は少なく，深く狭い範囲での広告配信が可能になります。

　ユーザーの行動履歴をもとに広告配信を行うため，**ユーザーの承認**（オプトイン・オプトアウトの設定）が必要です。

■リターゲティング（リマーケティング）

　自社サイトへ訪れたことのあるユーザーに対し，別サイトへの閲覧や検索サイト利用時に，以前訪れた自社サイトの広告を再度配信する手法です。

　過去に表示した広告を再度表示することにより，認知率上昇と訴求効果を狙います。

　特定広告を見たユーザーへの繰り返し配信となるため，訴求効果はありますが，デメリットとしてユーザーからの抵抗もあります。

　ユーザーの承認（オプトイン・オプトアウトの設定）が必要です。

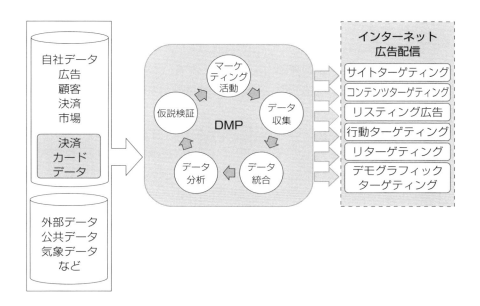

■デモグラフィックターゲティング

ユーザーの属性（デモグラフィック）情報（性別，年代）に合わせて広告を配信する手法です。

属性情報の取得については，クレジットカードなどの決済カードがもっとも詳細で，かつメンテナンスされています。

また，**過去の購買記録**から属性を予測することも可能です。

その他，会員サイトなどで会員登録時に入力した属性情報を使用する方法や，Cookieのアクセスログから属性を予測する方法もあります。

Facebookなどの実名性の高いSNSは年齢，住所，勤務先，学歴，友人関係や興味の対象も収集できることから，広告対象を絞り込むことが可能です。

これらのターゲティング広告にはバナーなどの手法が使用されます。

■オンライン広告の実際

バナー広告隆盛の背景には，RTB（Real-Time Bidding）やDSP（Demand-Side Platform），そしてSSP（Supply-Side Platform）といったアド・テ

第6章 サービス分野とFinTechカンパニー

クノロジーの進化があります。

RTBやDSP, SSPとマーケティング**進化の関係を説明**しておきます。

RTBとは広告出稿料金の瞬間入札を意味します。現在のバナー広告は, 瞬間で入札が行われて最高値で落札した広告が自動的に表示されるようになっています。

この瞬間の競争入札のしくみとして, 広告主側（Demand-Side）のターゲティングと予算管理を行うのがDSPです。また, 広告媒体提供側（Supply-Side）は, アクセスしてきたユーザーや媒体の情報をSSPで管理します。

具体的には, 以下のとおりです。

(1) ユーザーがコンテンツページを訪問
(2) ページはインプレッション[※1]発生情報をSSPに発信
(3) SSPは媒体情報やユーザー情報をデータ化
(4) SSPが接続先となるDSPにリクエストを送信
(5) DSPがリクエストを受信し解析, 入札に移行
(6) DSP入札勝者情報をSSPに返信
(7) SSPはDSPからの返答を解析
(8) 最高入札DSPの広告タグをページに送信
(9) SSPは, 勝者DSPに広告リクエストを通知
(10) 勝者DSPが広告コンテンツをページに送信
(11) ページに広告が表示

このようなシステムの進化と同時に, ウェブマーケティングの考え方も進化しました。以前はターゲット集団を想定し, 広告「枠」への掲載を決めていましたが, RTB以降, 「枠」から「個人」への配信が可能になりました。

「人」への配信を最適化するためには, 基本となるウェブサイトへのアクセスを解析し, 個人やクラスタを詳しく知る必要があります。

このアクセスデータにデモグラフィックデータなどを加えるには, 決済カードの持つデータがもっとも有効です。

カード情報に始まる個人データの充実により, DSPがプライベートDMPに進化しました。

このような, オンライン広告のターゲットマーケティングによる「人」への

　配信を最適化するという考え方は，1990年代に提唱された，顧客を「個」として捉えるワン・トゥ・ワン・マーケティングから始まっています。ただし，当時は技術的な課題が多く困難だった手法が，DMPを使えば実現できるようになりました。

　これからは，決済カードのデータを使用して，ネット上だけでなくリアルも含めた「オムニチャネル[※2]」化でマーケティング活動全体を効率化します。

 用語解説

1　**インプレッション（impression）**…広告の露出。
2　**オムニチャネル（omni channel）**…実店舗やオンラインストアをはじめとするあらゆる販売チャネルや流通チャネルを統合すること。

第6章　サービス分野とFinTechカンパニー

 Mozido

"米国のモバイルに特化した加盟店にリワード[※1]プロモーションと決済を支援するソリューション"

　顧客はモバイルで売出し企画をMozidoに登録。

　Mozidoはメールやジオフェンシングで顧客に特典クーポンを告知します。

　来店した顧客はモバイルに表示されたクーポンを提示すると割引などクーポンの特典を得ることができます。

　支払はMozidoに登録したカードで決済され，顧客との間で，クーポン特典もあわせて精算されます。

　既存のPOSに連動した決済や請求書決済のほか，顧客間の送金も可能です。

　すべての処理がクラウドベースでMozidoと顧客に提供されます。

　全体の流れは，

（1）　顧客はアカウントを開設し，決済カードを登録

（2）　顧客登録

（3）　顧客はクーポンなどプロモーション内容を登録

（4）　メールやジオフェンシングでプロモーション告知

（5）　来店した顧客が購買時にモバイル決済

（6）　クーポンなど特典を適用

となり，顧客との間で広告費やPPC[※2]（Pay Per Conversion）手数料が精算されます。

　売上は登録したカードで決済されます。

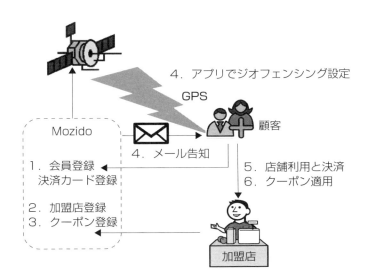

▲ 用語解説

1 リワード（reward）…ポイントサービスやクーポンなど，褒美とか報奨金という意味。リウォードともいう。
2 PPC（Pay Per Conversion）…ネット広告を経由して，何らかの取引が成立した場合に支払われる手数料。

第6章　サービス分野とFinTechカンパニー

 # Estimote

"Bluetooth「Beacon」による情報発信"

　登録顧客のモバイルに，来店促進や販売促進を訴求。

　アプリをインストールしたモバイル端末が店舗に設置したBeacon端末に接近すると，Beaconはモバイル端末に告知URLの表示など指定されたプログラムを起動し，広告やクーポンなどの特典を告知します。

　Beaconごとに，距離と動作を設定することができます。

　たとえば，

- セール告知を店舗前の半径50mで告知
- 「チェックイン（来店ポイント）」を入口の半径10mで告知
- プロモーションクーポン（会員ポイント）を商品陳列棚の半径1mで告知
- 設定済みのBeaconを店内外に配置する
- 顧客はモバイルをポケットに入れておけば有効
- Beaconは正確にモバイルへ特典通知
- 商品の横を通ったときにすぐアプリが開き，商品情報を顧客に通知，あるいは，チラシなどを見て，あらかじめウィッシュリストに入れておいた商品がある場合，顧客が商品の前に接近すれば通知
- バッテリーは2～5年間有効

RetailNext

"決済情報と周辺情報から店舗内顧客行動分析"

　３Dビデオ，Beacon，ジオフェンシング，POS，カード決済情報を用いた店舗の多角分析。
- Walgreens，Kohls，Starbucksなど，大手流通業の実店舗における多角分析に実績があります。
- ビデオカメラは３D分析が可能です。
- Beaconとモバイルのジオフェンシングデータに POS とカードの決済データをミックスし，マーケティングに活用します。

　カード顧客情報を分析対象にすれば，個人の購買データを特定し，購買時点の併売を調べるバスケット分析から，個人の購買行動の変化を捉えるトートバック分析を実現できます。

　バスケット分析は同日同時刻分析ですが，トートバック（カード）分析は同一顧客の購買行動変化分析です。

　たとえば，
- 商品の販売量が拡大する閾値把握
- 店舗プロモーション後の顧客動線変化
- 新規商品と競合商品の陳列棚比較
- POPの効果測定

をカード会員の属するクラスタ別に分析することが可能です。

　これらの消費者の個別データ収集には「オプトイン」，「オプトアウト」の設定が必要です。

　「オプトイン」とは，ある活動や団体に対して"参加する"とか"加入する"という意味合いを持つ言葉です。それに対して「オプトアウト」は，"不参加"とか"脱退する"という意味合いになります。

　つまり，消費者や買い物顧客の了承が必要になります。

　したがって，あらかじめ詳細なデータを登録し，会員規約で調査への同意を表明しているカード会員を調査の対象にします。

第6章 サービス分野とFinTechカンパニー

 ## Qubit

"オンラインショップの販売実績，顧客解析"

　Google出身者によるオンラインショップ販売実績，顧客解析ソリューションをクラウドで提供するサービス。

　カード顧客を対象とした2種類（A，B）のウェブサイトの優劣を実績で判断する「A/B」分析などを提供しています。

- 画像や説明文など複数パターンの素材を用意
- 入れ替えた広告素材などを並列で公開・配信
- 利用者の反応（Aが多いか，Bが多いか）を探る
- 実際のクリック（見てほしいウェブサイトを表示）数やコンバージョン（買う，もしくは契約してほしいサービスの成約）率からA，Bの優劣を判断
- 紙のDMの効果測定の古典的手法，スプリット・ラン・テスト（split run test）のインターネット版
- 問い合わせ・資料請求・購入を促すランディングページの最適化に活用

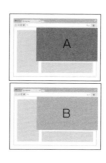

OmnyPay

"オムニチャネル用モバイルプロモーション＆顧客管理ツール"

「オムニ（omni）」とは「あらゆる」という意味です。実際に存在する店舗と，インターネット上のバーチャル店舗での販売を連携させる取り組みを指します。

現在のウェブマーケティングでは，「個人」やクラスタの特定が重要です。カードの属性情報がもっとも有効であり，ネットはもちろん店舗での決済で「個」が特定できるカードはオムニチャネルに欠かせません。

第6章　サービス分野とFinTechカンパニー

Neustar

"高精度マーケティングツール，広告データ管理プラットフォーム"

　Neustarはマーケティングサービス，IT/セキュリティサービス，データサービス，ポイントサービスを主な事業領域としています。新しいマーケティングに関するデータをビジュアライズするツールはウェブ広告の，入稿プランから広告効果解析などを提供します。

　特にRTBやDSP，そしてSSPといったアド・テクノロジーを活用したDMPが秀逸です。

RACE DATA

"データベース・マーケティングツール"

　金融機関，クレジットカード会社を対象にマーケティング・オートメーション，CRM[※1]戦略ソリューションを提供します。

　パソコン，携帯電話，スマートフォン，タブレットなど，増加する顧客とのコミュニケーションチャネルのシステムを統合し，効果を分析します。

 用語解説

1　CRM（Customer Relation Management）…顧客の購入や商談の記録，趣味・嗜好などを管理すること。

おわりに

　本書の執筆にあたり北米や欧州で取材を行い，さまざまなカンファレンスやペイメントの現状を確認することができました。

　各地とも，Finance（ファイナンス）とTechnology（テクノロジー）という言葉を組み合わせて作られた造語"FinTech（フィンテック）"で賑やかです。

　数多くのテクノロジーが紹介されていますが，テクノロジーが最新であっても，変化するレギュレーションや市場に適応できないソリューションがあるなど，実際は玉石混淆といえるでしょう。

　これは，テクノロジーの開発者は技術面については詳しいものの，金融決済分野のエキスパートではないからです。

　2020年にかけて，ファイナンス環境とそれを支えるテクノロジーは大きく変貌し続けます。

　わが国のエンジニアには，金融決済分野の正確な知識を身につけていただき，最高のFinTechを生み出していただきたいと思っています。

　最後になりましたが，本書を上梓するにあたっては大手システム開発会社で特定開発部門育成ご担当の小山明美氏からヒントをいただきました。

　また，取材にあたってはフランストゥルーズ在住の大橋マリ氏，シリコンバレー在住の姥谷幸一氏，友金正雄氏に多大なご助力をいただきました。

　そして，今回も株式会社中央経済社経営編集部の市田由紀子氏に多大なご協力をいただきました。

　皆さんのおかげで，本書は世に出ることができました。

　ここに感謝の意を付して筆を擱きます。

2017年1月

　　　　　　　　　　　　　　　　　　　　　　　　　　　　本田　元

索　引

英　数

3Dsecure ·· 12
Affirm ·· 110
AI ··· 100
Alexa ·· 104
all in ··· 106
all or nothing ·· 106
AML ··· 169
AndroidPay ·· 47
API ··· 122
Apple Watch ·· 43
Apple Watch2 ·· 48
ApplePay ·· 43
ATM ·· 39
AWS ··· 112
B2B ··· 114
Bank Identification Number ········· 72
BBVA ··· 110
BCP ··· 112
Beacon ·· 70, 116
BIN ·· 41, 72, 75
BLE（Bluetooth Low Energy） ···· 70
Bluetooth ······································ 45, 70
Bot ··· 173
Braintree ··· 111
CAPTCHA ·· 173
Card ·· 116
CardAlerts ·· 147
CardControl ··· 147
CES ··· 8
Chip&PIN ·· 61
Cityzi ·· 45
CLO ·· 116, 149

CNP ··· 100
COIN ·· 80, 81
Cookie ·· 182
CPN ··· 74
Credit CARD Act ····································· 4
CreditKarma ··· 111
CVC ··· 72
CVV ··· 72
Demand-Side ······································ 184
Digit ·· 110
Dropbox ··· 180
DSP ··· 183
Dwolla ··· 111
e-ラーニング ······································ 128
EBT ··· 132
Edy ·· 32
FeliCa ·· 41
fencing ··· 116
FICO ··· 108
FIDO ··· 172
Finance ··· 1
FINOVATE ·· 8
FinTech ··· 1
Fraud Watch ······································· 147
GCP ··· 112
GDP ··· 23
Geo ··· 116
Google Wallet ······································· 45
Googleドライブ ································· 180
GPS ··· 116
greenID ·· 175
HCE ··· 98
IaaS ··· 112
iBeacon ·· 45

索引

ICR	176
ICカード化	36
iD	39
IFA	8
Intra-Body Communication	66
Invoice Payment	156
IPO	6
IT	16
JOBS法	6
Kabbage	110
Kohls	189
KYC	169
Lending	28
liability shift	60
Linked	116
LoopPay	80
M-Pesa	94
MasterCardコンタクトレス	39
MasterPass	45
mConsole	147
MDES	98
Mobile World Congress	8
mPOS	38, 102
MST	84
NEOBank	110
NFC	45, 98
NFC-A	41
NFC-B	41
O2O	116
OCR	54, 176
OEM	126
Offer	116
Omni-Channel	191
OMR	176
Orbiscom社	98
PaaS	112
Passbook	45, 54
Pay Per Conversion	186
Payments	28
PayPal	94
PFM	147
PICDSS	73
Pingit	45
PKI	86
Plastc	80, 146
POS	20
POSシステムの課題	36
PoW	91
PPC	186, 187
QRコード	45
QUICPay	39
Radio Frequency	66
Recurring	98
RF	66
RFID	45, 68
RSA	90
RTB	183
SaaS	112
Self Service	147
Simple	110
Siri	104
Skin texture analysis	120
Smartypig	110
SNAP	132
SNS	142
Softcard	45
SOX法	2
Speedpass	68
split run test	190
SSN	124
SSP	183
Starbucks	189
Stratos	80
STRATOS	146
Student Prepaid Card	130
Suica	40

195

Supply-Side	184
Swyp	80
SWYP	146
Technology	1
TIRIS	68
Token Requestor ID	98
Token Vault	98
Touch ID	54
TRUSTECH	8
Trusted Service Manager	98
Type A	136
Type B	136
Type F	136
TypeA/B	41
UAF	172
unbanked	108
underbanked	108
V.me	45
Venmo	111
Visa payWave	39
VTS	98
Walgreens	189
wearable computer	67
WiFi	116
Worldremit	111

あ　行

アウトバウンド	104
アカウント	94
アクアイアラー	26
アクセプタンス	82
あっせん	34
アド・テクノロジー	192
アライアンス	56
アルゴリズム	162
暗号化	86, 97
イシュア	26
インセンティブ	149
インバウンド	104
インプリンター	64
ウェアラブルコンピュータ	67
ウェアラブル端末	67
ウェアラブルデバイス	67
遠隔決済	72
オークション形式	166
オーソリシステム	34
オーソリゼーション（オーソリ）	62
オープンDMP	181
お小遣い	130
おサイフケータイ	38
オプトアウト	182, 189
オプトイン	182, 189
オフライン	62
オムニチャネル	185
オンアス取引	82
オンボーディング	128
オンライン広告	183
オンラインショッピング認証	12
オンライン方式	62
オンラインリアルタイム処理	64

か　行

カード会員	26
カード型ワレット	80
カード決済インフラ	35
カードショッピング	30
カード犯罪者	36
改正金融商品取引法	107
買い物をする権利	32
顔認証FRS	120
学生ローン	167
確定拠出年金	167
貸金業法	30
貸金庫	24
貸付	24
貸付型	106

索引

仮想通貨	10
割賦販売法	30
架電	165
株式型	107
加盟店	26
ガラパゴス	23
ガラパゴス化	78
為替	24
管轄官庁	30
カンファレンス	8
起案者	106
機械学習	101
基幹システム	34
寄付型	106
キャッシュドロア	102
キャッシュハンドリングコスト	154
キャッシュレス化	76
キャッシュレス環境	26
キャッシング（融資）	30
キャピタルゲイン	138
共通鍵暗号方式	86
銀行協会	26
銀行系列	24
銀行固有業務	24
銀行識別番号	72
銀行法	30
近接決済	68
近傍決済	70
金融型	107
金融リテラシー教育	19
金利規制	12
クーポン	116
クラウドファンディング	6, 106
クリアカード	147
繰延債権	165
グループウェア	178
クレジットアクセプタンス	39
クレジットカード	19, 24
クレジットカードショッピング	28
クレジットスコア	108, 128
グローバル化	12
グローバルスタンダード	23
経済産業省	30
契約	10
系列販売	20
決済	10
決済業務	110
現金社会	27
公開鍵暗号方式	86
広告主側	184
広告媒体提供側	184
行動ターゲティング	182
購入型	106
コーポレート	26
コールセンター	104
国際競争力	20
国際送金	94
個人情報	20
個別クレジット	34
固有業務	110
コルレス銀行	94
コンテンツ	182
コンテンツターゲティング	182
コンテンツ配信	112
コンピューティング	112
コンプライアンス	163

さ　行

サーバー方式	32
債権回収	104
債権管理	100, 165
債権督促	104
財閥解体	24
債務責任の移行	60
債務保証	24
サブプライム	108

支援者 …………………………………… 106
ジオフェンシング …………………… 116, 149
磁気ストライプ ………………………… 38
資金移動業 …………………………… 18, 32
資金決済法 ……………………… 28, 30, 32
資金調達 …………………………………… 6
自然言語処理NLP …………………… 104
質屋 ……………………………………… 157
実行者 …………………………………… 106
指定信用情報機関 ……………………… 31
支払可能見込額 ………………………… 18
社会保障番号 ………………………… 124
ジャパニーズペイメントオプション …… 34
受信業務 ……………………………… 110
消費者信用教育 ……………………… 128
消費性向 ………………………………… 20
商品券 …………………………………… 32
情報処理センター ……………………… 35
ショップフロント機能 ………………… 102
シングルアクアイアリング …………… 26
シングルメッセージ方式 ……………… 65
人工知能 ……………………………… 100
人体通信 ………………………………… 66
信用弱者 ……………………………… 109
スーパープライム …………………… 108
スクリプト ……………………… 104, 173
スコアリング ………………………… 100
スタートアップ …………………………… 6
スタンドアローン方式 ………………… 62
ストアカード ………………………… 126
スプリット・ラン・テスト ………… 190
スワップ業務 ……………………………… 2
セキュアコード ………………………… 72
送金 ……………………………………… 14
総量規制 ……………………………… 18, 31
ソーシャルファンディング ………… 106
即時支援型 …………………………… 106
ソフトウェアキーボード …………… 120

た 行

耐タンパ性 ……………………………… 88
対面取引 ………………………………… 55
タイリス ………………………………… 68
ダイレクトチャネル ………………… 104
達成後支援型 ………………………… 106
単品データ ……………………………… 21
チャージ ………………………………… 32
中央銀行 ………………………………… 94
中間者攻撃 …………………………… 173
データストレージ …………………… 112
データベース ………………………… 112
手形引受け ……………………………… 24
テクノロジー ……………………………… 1
デビットカード ………………………… 19
デモグラフィック …………………… 181
デモグラフィックターゲティング … 183
デュアルメッセージ …………………… 64
透過的 …………………………………… 97
東京オリンピック ……………………… 76
透明性 …………………………………… 76
トークナイゼーション ……… 12, 54, 97
トークン ………………………………… 41
ドージコイン ………………………… 138
トートバック ………………………… 189
独占禁止法 ……………………………… 20
督促 …………………………………… 165
匿名 ……………………………………… 20
ドッド・フランク金融改革法 ………… 2
トロイの木馬 ………………………… 173

な 行

ニアプライム ………………………… 108
2回払い ………………………………… 34
日本ローカル仕様 ……………………… 48
認証局 …………………………………… 88
ネットワーク ……………………… 35, 112

索　引

ノード ·································· 140
ノンバンク ···························· 2, 24
ノンプライム ·························· 108

は 行

バーコードリーダー ···················· 102
バイオメトリクス ······················ 168
ハウスカード ······················ 82, 126
ハッキング ···························· 74
バックヤード機能 ······················ 102
バッチ（一括）処理 ···················· 64
パブリックデータ ······················ 100
ハンムラビ法典 ························ 10
非合理 ································ 28
非効率 ································ 28
非対面取引 ···························· 55
ビッグデータ ·························· 100
ビットコイン ·························· 10
非透明 ································ 28
ビヘイビア ···························· 100
表皮電子装置 ·························· 66
ファンド型 ···························· 107
フィンテック ·························· 1
フードクーポン ······················· 132
復号化 ································ 86
付随業務 ······························ 24
不正検知 ····························· 100
不正使用 ······························ 78
フューチャーフォン ··················· 170
プライベートDMP ····················· 181
プライム ····························· 108
プリペイド ···························· 52
プリペイドカード ······················ 19
プルーフオブワーク ···················· 91
振る舞い ····························· 168
プロジェクト ························· 106
ブロックチェーン ····················· 140
分割払い ······························ 34

ヘッジファンド ························ 2
ベンチャー ···························· 6
ポイントカード ························ 82
包括支払可能見込額 ··················· 31
包括支払見込額算定 ··················· 28
法人 ·································· 26
法人取引 ······························ 27
ボーディングパス ····················· 128
ボーナス２回払い ······················ 34
ボーナス一括払い ······················ 34
ボーナス加算払い ······················ 34
ホールセールバンキング ··············· 27
ポストペイ ···························· 52
ホスピタルチェックアウト ············ 118
ボルカー・ルール ······················· 2
本体発行 ······························ 24
本人限定受取郵便 ····················· 124

ま 行

マーケティング ························ 14
マイニング ··························· 138
前払式支払手段発行者 ················· 18
マスキング ···························· 97
マネーロンダリング ··················· 19
マルウェア ··························· 173
マルチアクアイアリング ··············· 26
マンマシンインターファイス ··········· 44
未開拓市場 ···························· 28
みなし利息 ···························· 19
ミニマムペイメント ···················· 4
ミューチップ ·························· 68
メインカード ························· 151
メインバンク ······················ 26, 27
メタデータ ··························· 161
面前決済 ·························· 37, 60
モーゲージローン ····················· 158

や行

ユーザーインターフェイス ………… 54
ユーザープロフィール ……………… 168
融資 …………………………………… 14
ユーロペイ …………………………… 56
ユニバーサルデフォルト ……………… 4
預金 …………………………… 24, 32
預金保険 ……………………………… 32
与信業務 ……………………………… 110

ら行

ライアビリティシフト ……………… 60
ライトコイン ………………………… 138
ラジオ周波数 ………………………… 66
ラジオ周波数個体識別 ……………… 68
ランディングページ ………………… 190
リアルタイム（逐次）処理 ………… 64
リーマンショック …………………… 2
リカーリング ………………… 98, 151
リスティング広告 …………………… 182
利息 …………………………………… 10
利息制限法 …………………………… 18
リターゲティング …………………… 182
リップル ……………………………… 138
利便性 ………………………………… 76
リボ …………………………………… 4
リマーケティング …………………… 182
リモートアクセス …………………… 173
利用承認 ……………………………… 62
リワード ……………………………… 187
ローカルブランド …………… 24, 82
ローンカード ………………………… 19

わ行

ワークフロー ………………………… 178
ワレット（財布） …………… 46, 140

《著者紹介》

本田　元（ほんだ　はじめ）

大手流通業の顧客管理システム担当SEを経て，マーケティング部門にて通信販売部および自社クレジットカード事業の立ち上げとその運営，加盟店業務に従事。その後，大手カードサプライヤーにおいて，カードビジネスおよびカードシステム開発に従事したのち，新世代基幹システムを担当。

2012年本田元事務所を設立し，各社の研修や個別案件を受託。現在に至る。

30年にわたり，加盟店業務，決済カード実務，カード基幹システムと一貫してカード業界とマーケティングに関わる。

本田元事務所

〈主な著作〉

『クレジットのすべてがわかる！ 図解カードビジネスの実務』『新技術で決済が変わる！ 図解カードビジネスのしくみ』『決済の世界はこう動く！ 図解カードビジネスの戦略＜第2版＞』『市場創造のプロモーション技法』（いずれも中央経済社刊）。
月刊「消費者信用」誌（社団法人金融財政事情研究会）連載（2004年～2005年「クレジットカードの未来戦略」，2006年～2011年「カードビジネスの未来戦略」，2011年～2013年「加盟店かく戦えり！」，2013年～「決済技術者かく戦えり！」，2016年～「テクノロジーは決済をもっとスマートにする」）他多数。

〈講演〉

消費者信用研究会，日本クレジット協会，CMC，Visaコンサルティングセミナーなど多数。

使えるテクノロジーはこれだ！
図解　FinTechが変えるカード決済ビジネス

2017年2月20日　第1版第1刷発行
2018年7月10日　第1版第4刷発行

著　者　本　田　　　元
発行者　山　本　　　継
発行所　㈱中央経済社
発売元　㈱中央経済グループ
　　　　パブリッシング

〒101-0051　東京都千代田区神田神保町1-31-2
電話　03（3293）3371（編集代表）
　　　03（3293）3381（営業代表）
http://www.chuokeizai.co.jp/
印刷／三英印刷㈱
製本／侑井上製本所

© 2017
Printed in Japan

＊頁の「欠落」や「順序違い」などがありましたらお取り替えいたしますので発売元までご送付ください。（送料小社負担）
ISBN978-4-502-20921-5　C3034

JCOPY〈出版者著作権管理機構委託出版物〉本書を無断で複写複製（コピー）することは，著作権法上の例外を除き，禁じられています。本書をコピーされる場合は事前に出版者著作権管理機構（JCOPY）の許諾をうけてください。
JCOPY〈http://www.jcopy.or.jp　eメール：info@jcopy.or.jp　電話：03-3513-6969〉

好評既刊

新技術で決済が変わる！
図解 カードビジネスのしくみ

本田 元[著]　　　　　　　　A5判・240頁

- ●「カード」にかかわる幅広い分野の総合的な知識をつかめる定番書。
- ●図表や写真を多数掲載し，1テーマごとに見開き完結で具体的に解説。

目次

第Ⅰ部　カードビジネスをめぐる法の激変

第Ⅱ部　カードのビジネスモデル

第Ⅲ部　カードの新技術とスマートフォン

付　録　ポイントプログラム20の事例と課題

中央経済社

好評既刊

決済の世界はこう動く！
図解 カードビジネスの戦略〈第2版〉

本田　元［著］　　　　　　A5判・242頁

- 進化するカードマーケティングと決済の現在と未来がこの1冊でつかめる！
- 1テーマごとに見開きでポイントを絞ってわかりやすく解説。

目　次

第1章　国際カードブランドとペイメント

第2章　国際ブランドの現状と未来

第3章　スマートフォン決済の行方

第4章　カードとマーケティング

付　録　クーポン戦略に活かす決済カードデータベース

中央経済社

最新情報をフォローした待望の改訂版！

クレジットのすべてがわかる！
図解 カードビジネスの実務〈第2版〉

本田 元[著]

- ●2020年オリンピック＆インバウンド対応で，決済のグローバル化はまったなし！
- ●受付，審査，カード発行，オーソリゼーション，売上，請求，督促，回収の流れと法務実務，業務システムを1冊でカバー。
- ●人工知能（AI）のカードビジネスへの影響を解説した付録を新たに収録。
- ●800項目の最新業界用語索引付きでハンドブックとしても便利！

目次

第1章 カードビジネス業界の動き	第8章 請求管理
第2章 カードビジネス業界を知る	第9章 入金管理
第3章 カードビジネスの事業モデル	第10章 加盟店管理
第4章 さまざまなカードビジネス	第11章 債権管理
第5章 会員管理	第12章 対外系システム
第6章 発券管理	第13章 セキュリティ
第7章 手数料管理	付 録 人工知能とカードビジネス

中央経済社